韓国併合一〇〇年の現在《いま》

Our problem of a hundred years later
since the coercive annexation Korea to Japan

前田憲二・和田春樹・高秀美【著】

東方出版

はじめに

主として東アジアの民俗芸能・祭りや歴史を主題に、長年にわたって長編ドキュメンタリー映画を撮りつづけてきた前田憲二監督が、２００９年になって、あたかもこの間の仕事を集大成してみせるかのような力作を完成させ、公開した。その作品は、『月下の侵略者─文禄・慶長の役と「耳塚」』と題され、基本的には16世紀末の豊臣秀吉による朝鮮侵略戦争の全体像を、西は中国の北京、北は北朝鮮の平壌《ピョンヤン》そして妙香山から韓国全土、また京都の「耳塚」をはじめとする日本列島各地におよぶ祭祀や遺跡、人びとの証言などの丹念な取材をとおして、あざやかに浮き彫りにしてみせた。

わたしたち観衆は、その前田監督作品の切実きわまる問題提起のうちに、近世というひとつのエポックを超えた、東アジアなかんずく朝鮮半島と日本列島のはるか古代から現代にいたる歴史的な緊密性、政治・文化の混淆性や相互の規定性などを、あらためて考えさせられることになった。そしてそれは、まれにみる歴史的大惨劇として位置づけられ、未だその傷痕を深く残している近代の日本による「韓国併合」（日帝支配の36年）を、人びとに重ねあわせて意識させることにもなった。つまり、前田監督の映画づくりの射程と照準は、明らかに、現代の市民社会においてややもすれば風化したり鈍化しかねない、私たち一人ひとりの意識や歴史認識に、ピタリと合わされているかのように思えた。

「小早川・加藤・小西が世にあらば、今宵の月をいかに見るらむ」と、日本が「韓国併合」をおこなった1910年8月に、なんら良心の呵責も恥じらいもなく詠ったのは韓国統監の寺内正毅である。自らの植民地主義を、往昔の豊臣秀吉の残虐な戦争の歴史にリンクし、度しがたいナショナリズムを鼓吹しつつ正当化してみせた日本の国家犯罪は、道義的にも政治的にも許されてはならないのである。前田監督の映像もまた、過去の歴史すなわち豊臣秀吉の朝鮮侵略と現在をリンクしながら、そうした歴史を貫流する非対称的な権力関係や暴力、粗暴な国や民族や人びとの相関の関係に埋め込まれた不条理や悲劇を暴きだし、近代日本の植民地主義を鋭く告発したものなのである。


さて、その前田憲二監督が代表理事をつとめるNPO法人ハヌルハウスは、同所の発行する機関誌・季刊『はぬるはうす』の2010年・第29号において、「韓国併合100年を問う」と題した鼎談を掲載した。この鼎談は、歴史学者で数々の社会運動に参加してきた和田春樹さん、在日コリアン（3世）でいわゆる戦後補償問題などの取材活動をつづけてきた高秀美さん、そして映画監督の前田憲二さんの3人でおこなわれた。

それぞれの議論と問題提起は、異なった3人の立脚点に即した観点からの、政治課題、戦後補償、文化の問題など多岐にわたる内容となっている。むろん、この鼎談はそれ自体が「韓国併合100年」を問うテクストとして、ひとつのまとまりをもったものではある。が、事後において、それぞれの論者がさらに自分の問題関心にひき寄せて論点の再整理と補強をおこなうこととし、個別の論文を追加することになった。それらをひとつにまとめて編集し、おりからの「韓国併合100年」を、あらためて広く世に問いかけようとしたのが本書である。

しかし、ひと口に「韓国併合」とはいっても、その歴史と問題点はきわめて複雑であり、大きく広く、かつ深刻である。2度の世界大戦や朝鮮戦争などをはさんで、というより、100年間という時間が与えられたにもかかわらず、日本の植民地主義―「韓国併合」に淵源する未解決課題は山積されたままなのである。たとえば――いわゆる従軍慰安婦の問題、強制連行・強制労働の戦後補償問題、関東大震災時の朝鮮人虐殺の真相解明、靖国の朝鮮人合祀、在日コリアンの参政権や高校無償化除外などの課題、朝鮮学校などへの差別・排外主義者による攻撃、歴史教科書―歴史認識の問題、竹島（独島）をめぐる領土問題などおよそ枚挙に暇がない情況にある。さらに、あえていえば日本による北朝鮮国家の無視、北朝鮮による日本人拉致の問題、朝鮮半島のふたつの分断国家の存在についても、「韓国併合」の歴史と無関係ではないのである。

くり返すが――こうした切実な諸問題を、「韓国併合100年」を新たな契機に、あらためて考えてみる素材のひとつとして企画されたのが本書である。収載された議論は、もとより広汎な課題のほんの一端をかすめる程度でしかないかもしれない。が、しかし、「韓国併合」という歴史的な過ちが、いかに熾烈で残酷なものであったか、そして、それがもたらした影響と被害がいかに甚大であったか、――心ない人たちによる歴史の改竄や歪曲が猖獗をきわめる昨今の情勢下にあって―

―その基本構図は示しえているものと思われる。

鼎談や年表の脚注として、できるだけ登場人物や事件などの説明を簡略に記して、読者のみなさんの問題認識のささやかな一助とさせていただいた。また、写真なども適宜配置して、これまであまり日本の植民地主義―「韓国併合」の歴史に触れることのなかったみなさんの参考にもしていただくことにした。また、年表は、なるべく簡潔にすることを心がけ、歴史認識のうえでのごく基本的な事項にしぼった。さらに、主だった条約や決議文などいくつかの資料についても、抄出して掲載した。年代をなぞることで、歴史のながれをより的確に把握できるよう整理してみた心算ではあるが、もし不備や誤りがあるとすれば当方の力不足であり、読者のみなさんの叱正をあおぎ、ご寛恕いただくしかない。

――おおむね以上の観点から編まれた本書が、読者のみなさんの論議をいっそう深化する機縁となって、可及的早時日において、日本の植民地主義の歴史の正しい総括と清算、一連の戦後補償問題等々の解決につながることをねがってやまない。

2010年8月――「韓国併合100年」の節目に

季刊『はぬるはうす』編集委員会

目次● Contents

韓国併合１００年の現在《いま》

写真頁 *15*、*21*、*27*、*33*、*37*、*41*、*49*、*55*、*59*、*63*、*69*、*95* 扉写真 *11*、*77*（掲載写真中＊印は辛基秀『映像が語る「日韓併合」史 1875～1945年』労働経済社、1987年より、*95*頁は高秀美提供、他はすべてNPO法人ハヌルハウス提供）

朝鮮半島図
東海/日本海
佐渡島
新潟
輪島
柏崎
鬱陵島
独島/竹島
富山
金沢
福井
隠岐諸島
敦賀
舞鶴
小浜
鳥取
名古屋
松江
京都
日本
神戸
大阪
岡山
益田
広島
呉
岩国
下関
北九州
別府

羅先
咸鏡山脈
長白山脈
白頭山
南胞胎山
清津
瀋陽
恵山
咸鏡北道
両江道
狼林山脈
江界
中華人民共和国
金策
慈江道
北小白山
丹東
妙香山
新義州
咸鏡南道
咸興
興南
平安北道
朝鮮民主主義人民共和国
平城
平安南道
平壌
元山
南浦
江原道
金剛山
松林
沙里院
黄海南道
黄海北道
海州
江陵
開城
春川
板門店
江原道
ソウル
江華島
東海
仁川
太白山脈
安山
水原
原州
黄海
京畿道
忠清北道
太白山
蔚珍
天安
牙山
清州
小白山脈
忠清南道
公州
安東
慶尚北道
扶余
大田
浦項
大韓民国
海印寺
大邱
慶州
群山
全州
伽倻山
仏国寺
陜川
全羅北道
南原
密陽
蔚山
智異山
昌原
金海
晋州
馬山
全羅南道
光州
釜山
光陽
泗川
巨済
木浦
順天
慶尚南道
麗水
珍島
対馬
壱岐
済州島
済州道
済州

I

［鼎談］

韓国併合100年を問う

前田憲二
和田春樹
高 秀 美

ソウル南大門

■東学思想と朝鮮半島

前田　「韓国併合100年を問う」というテーマで、これから話し合っていきたく思います。まず私が朝鮮半島の地理的な条件と、土地的な背景を、最初にお話しします。観光的に言うとソウルへ行って釜山へ行ってというパターンで物事を考えがちです。実は、朝鮮半島の東海岸は日本海（東海《トンヘ》）に続くわけですが、起伏の激しい小さな漁村が多いところです。太白山脈が海岸まで迫っています。近年まで自動車の道路も走っていなかったわけで、大変過疎化した漁村が多く魚介類の宝庫ということが言えると思います。この土地は中国国境の白頭《ペクトゥ》山に続く土地であって、江陵《カンヌン》など大きな町があるわけです。つまり東海岸というのは魚介類が多いところでカニ・ベニズワイガニ・アワビなどがたくさん獲れます。漁村は小さいのだけれど、たくましく生きる人たちがいて、船底1枚下は地獄の世界で、やはり事故も多い土地柄という背景があると思います。そしてその江陵を中心とした土地は古代で言えば新羅の土地で仏教文化が大変発達したところですし、一方では、靺鞨《まっかつ》＊1族の穢《わい》（濊《イエ》）・狛《こま》（貊《メク》）系の流れを受けた人々もいる。そしてそういう混交の中でいわゆるシャーマニズムが大変発達したところです。今でも端午祭が江陵にあるし、そ

＊1　**靺鞨族**
中国の隋・唐の時代に、勿吉の表記が変化したものと考えられ、種族はおおむねツングース系とされる。主に中国東北地方の東部から朝鮮半島の北部にかけて、いくつかの部族に分かれていたと思われるが、7世紀末に高句麗や渤海の台頭とともに、吸収ないし衰亡したとされる。

＊2　**ムダン**
韓国のシャーマニズムの巫女。「クッ」という祭儀を執り行い、歌や踊りでトランス状態になって神や霊と交感し、人びとの病気や悪運を払う。

＊3　**李成桂**
1335～1408年。高麗末の武官で、李氏朝鮮の創始者（初代国王）。在位は1392～1398年。大韓帝国期に太祖高皇帝の称号がおくられた。

れから漁村の祭り、つまりムダン*2を中心にした別神祭《ピョルシンジェ》は、西海岸には今は殆どないが、東海岸には申石南《シンソクナム》ムダン、この人は亡くなりましたけど、それに続く賓順愛《ピンスネ》という「人間文化財」の人がいて、そういう意味でムダンを中心にした漁村の祭りが今もつながっています。そういう背景があると思います。そして蔚山《ウルサン》の方に来ると大工場があって大都市になって変貌しているけれど、漁村の繁栄はいまもあるところです。その土地に続く慶尚北道《キョンサンプクド》慶州《キョンジュ》は仏教文化の中心地であり、日本からの観光客も多いという背景があると考えます。

そして西海岸はいわゆる穀倉地帯です。牙山《アサン》湾から米どころがぐっと広がっているし、全州《チョンジュ》を中心とした界隈は果実・お茶、そして海産物で言えば太刀魚、石首魚《しろぐち》という魚の宝庫です。石首魚という魚は今でも祭《チェ》祀《サ》に使われている。もう一方で考えなくてはいけないのは李朝の始祖の李成桂《イソンゲ》*3の本貫地であること。昔から両班《ヤンバン》*4が多く、教育を中心にした土地柄が背景にあると言われている。米もあり、果物もあり、お茶もとれるそういうふくよかな土地。かつての百済《ペクチェ》*5です。400年前に秀吉はその沃野をねらおうとして全羅道に入ろうとしたが失敗している。

南側は、日本に近いかつての伽耶《カヤ》*6の地で、洛東江《ナクトンガン》の下流地域海上には数え切れないほど多くの島々がある。そこから古代遺物が本当に数え切

*4 **両班**
高麗、李氏朝鮮王朝時代の官僚・支配機構をになった最上層の身分を指す。李朝時代には、良民(両班、中人、常人)と賤民(奴婢、白丁)のふたつの身分階級が存在したが、日本の「韓国併合」後に廃止された。

*5 **百済**
古代朝鮮の三国(高句麗、新羅、百済)時代に、朝鮮半島の南西部にあった国家。346年(近肖古王)に興り、663年に唐軍の攻撃(白村江の戦い)によって亡ぼされた後、新羅に併合された。

*6 **伽耶**
古代の3世紀~6世紀中葉にかけて、朝鮮半島の中南部の洛東江流域に散在していたとされる小国家群。いわゆる三韓のひとつの弁韓を母胎とし、ヤマトとの関係が深く、巷説では「加羅」「任那」などとも呼ばれた。

れないほどたくさんのものが未だに出て来る。釣り針などもたくさん出てくる。1千年から2千年前の釣り針さえ出てくる。それらは釜山大学の博物館に入っています。海を中心としてそこで貿易をした土地です。

　このようなことをふまえて東学思想*7についてふれると——日本による韓国併合の50年前の1860年に慶尚道出身の崔済愚《チェジェウ》が起こした、人間の平等と人間の尊厳を説いた思想で、山の中に祭壇を作って天を祀ります。その祭壇の前で、闘いにそなえて木剣を持った武術の訓練が奨励されたんです。こうしたことが農民の支持を受けました。これは儒教でもなく仏教でもなく道教でもありません。しかし、これらの要素を内に秘めたシャーマニズムの色合いが濃く、これが後に天道教になり日本にも入ってきて、対馬には今も随所にその祭祀場が残っています。こうした思想が、後で話題になる反権力・反日の甲午農民戦争*8につながっていく朝鮮民衆のバックボーンとなるのです。そのあたりを、和田先生に教えていただきたいと思います。

和田　東アジア、東北アジアは中国との冊封《さくほう》関係をもって安定した世界をなしていましたが、西欧列強の力が及んでくると、日本に大きな変化が起きます。日本には西洋の近代化の考えを受け入れやすい条件が存

*7 **東学思想**
1860年に、没落両班の崔済愚が創始した宗教思想。儒教、仏教、道教や土着の民間信仰などが融合したもので、西学（カトリック）に対抗して東学を称した。「人乃天」を宗旨とし、平等と理想社会の到来を説いて貧しい農民たちの圧倒的支持をえた。

*8 **甲午農民戦争**
「東学（党）の乱」とも呼ばれた。1894年、全羅道からはじまった東学党の農民を中心に組織された武装闘争。東学幹部全琫準の指導で、「斥和斥洋」をスローガンに闘われた。朝鮮政府は鎮圧のために清国軍の救援をたのんだが、天津条約（出兵のさいの通知義務を規定した日清間の条約）を口実に日本軍も出兵した。農民軍は政府と和解した（第1次蜂起）が、その後「反日」を掲げて再蜂起（第2次蜂起）した折りに

▲ハヌルハウス事務所で討論中の著者たち。写真・左から前田憲二、和田春樹、高秀美の３人（2010年４月13日）

▲鼎談を終えて――取材・記録のスタッフとともに

在しており、1868年に明治維新を成し遂げ、近代国家を作りだしました。そして、直ちに周辺地域に自国の勢力を拡大するという考え方を持つようになりました。自分たちが受容した近代文化、文明の受容を周辺国に迫り、自分たちがその国の改造をリードしていくという姿勢で、まず朝鮮に目を付けたのです。明治維新の直後から征韓論[*9]が出ました。

まず1875年に江華島《カンファド》事件[*10]を起こして、翌76年に日韓修好条規[*11]を締結します。それまで朝鮮は鎖国状態でした。日本の雲揚号が調査を口実にしながら首都に近い江華島周辺に入っていくわけです。朝鮮側は当然それに対して発砲する。鎖国状態だから、外敵が入ってきたら抵抗するわけです。そうすると、チャンス到来とばかり、雲揚号の方は猛烈に反撃を加え、いくつかの島に上陸して、砲台を破壊する。

これは東大の鈴木淳氏が発見した新しい資料に基づいていることです。井上という雲揚号艦長の報告書が書き換えられているという話です。この江華島事件を利用して、1876年に黒田清隆[*12]がソウルに行って、不平等条約を押し付けて開国させたのです。日本が朝鮮を考える時、ロシアが問題になるということがあります。黒田という人は、北海道の開拓使長官で、彼の部下が榎本武揚[*13]です。黒田は幕府軍側で自分の軍と戦った榎本の能力を惜しんで、自分の部下に抱え込んだのです。その榎本を

は、日本軍と朝鮮政府軍によって1895年の初頭に鎮圧された。

＊9 **征韓論** 朝鮮の鎖国（斥和）政策を武力で突破して、国交を開かせて、朝鮮半島に勢力を伸ばそうとする主張。明治維新後、主に西郷隆盛や板垣退助、江藤新平らによって唱えられた。

＊10 **江華島事件** 1875年、日本の軍艦雲揚号が朝鮮の江華島で挑発行為を行って砲撃されたため、報復攻撃して、仁川港対岸の永宗島を占領した事件。

＊11 **日韓修好条規** 江華島事件をきっかけにして、1876年に締結された不平等条約。清国の宗属関係の否定を基調にし、日本の領事裁判権、通商章程による無関税特権、釜山など3港の開港などがとり決められた。

ロシアへ大使として送りました。交渉する問題はサハリン問題です。黒田と榎本の考えは、もうサハリンは要らない、ロシア領土として認める、ここで平和な関係を作らなければならない、自分たちは北海道に集中して北海道の開発をやる。北海道もサハリンも、ということではお金がかかって無理である、というものでした。

その上で、さあ今度は朝鮮を抑えようというわけです。将来ロシアが出てきたら、朝鮮海峡のところで対抗すればいい。だから朝鮮海峡をロシアに先にとられないようにする。日本が朝鮮を抑えなければならない。こういう考えです。

開国した朝鮮は外から入ってくる外国勢力に対して武力でどうこうするという考えは持たなかったようです。江華島事件のときは攻撃しましたが、その後は朝鮮側から外国の軍艦に攻撃したことはほとんどありません。新しい文明的な世界が開かれて、道義の世界になったので、道義を重んじてつきあっていればよい、外国船が入ってきたら武力で追い払うという必要はない。そういう考えでいるところに、外国人が船で来て、勝手に軍隊を上陸させる。それに対して反撃するとか抑えるとかという考えが朝鮮側にないような感じがしますね。

1880年代はいろいろな事件が起きます。壬午軍乱[*14]や甲申政変[*15]が

＊12 **黒田清隆** 1840～1900年。薩摩藩出身の軍人、政治家。第2代の内閣総理大臣。日韓修好条規のさいは日本国全権として、日本艦隊を率いて江華島に乗りこんだ。

＊13 **榎本武揚** 1836～1908年。江戸末～明治の武士、政治家。江戸幕府の幕臣として戊辰（函館）戦争で敗れて投獄されたが、黒田清隆らによって助命された。その後、駐露特命全権公使となって（1874年）樺太・千島交換条約の締結にあたったり、政府の閣僚に抜擢されるなどした。

＊14 **壬午軍乱** 1882年7月、朝鮮の都・漢城（現・ソウル）で親日派の閔氏に対して、守旧派兵士が大院君をかついでクーデタを起こした。閔氏一族の邸宅や日本公使館も襲われたが、

起こった。このとき清国の軍隊も日本の軍隊も出入り自由になっている。朝鮮の対外関係のもち方が近代的国家関係とは違うものになっている。日本側からは、外国の軍隊に対して戸締りもしていない、いい加減な国だと見える。日本は鎖国時代の終わりに、攘夷だと大砲をぶっ放して、負けると、我慢して新しい大砲を作って、守りをかためようとした。薩摩も長州もそうやってきた。しかし、朝鮮は自由に入ってきてもいいというふうに見える。ここが謎ですね。この点に付け込んで日本は朝鮮に入っていくことになりました。

前田　それは大陸的な大らかさですかね。

高　中国を中心として世界を考える中に朝鮮が縛られていたということが大きかったのではないかと思います。私は歴史の専門家でも研究者でもありませんので、実証に基づいた考えを示すことはできませんが、世界地図を広げてみたときにいつでも思うのは、あの「大中国」[*16]を背に負った地理的・宿命的な朝鮮半島の位置というものです。和田さんがさきほど冊封関係といわれましたが、朝鮮は自国の強い軍隊をもてないという状態にも置かれていたわけです。常に大きな中国との関係において、互いにそこを認めている限り、一定の秩序の中にあったはずです。その秩序がどちらにとって都合のいいものかどうかは別にしても。ただその秩

清国の派兵で鎮圧された。日朝間に済物浦条約が結ばれ、反乱首謀者の処刑、賠償金の支払い、公使館護衛のための日本軍の駐兵権などが定められた。

＊15　**甲申政変**
1884年12月に急進開化派が日本公使と共謀して、清仏戦争（ヴェトナムの保護国化をめぐる清とフランスの戦争）に清が負けたのを契機に、クーデタを起こして閔氏政権をいったんは倒したが、清の干渉があり失敗。日朝間では漢城条約（朝鮮の公式謝罪、被害者遺族の財産補償などを規定）が結ばれて決着した。

＊16　**「大中国」**
いわゆる中華主義・華夷思想を基軸とする、東アジアの特殊な秩序体系。中国の王朝（大中華）を中心に、周辺諸国は歴史的に宗属（君臣か）関係を結び、冊封体制に編入され、政治・経済・文化

序を維持することによって朝鮮は独自の文化―言葉や習慣、伝統を守ってきたという自負があったのだと思います。朝鮮朝廷はおそらく日本もまたその秩序世界の中に置かれているはずだと思い込もうとしていたのではないでしょうか。当時の時代状況を考えれば、あまりにもナイーブではありますが。

■甲午農民革命のうねり

和田　朝鮮は中国と冊封関係にある。中国に臣従していて、保護を受けている。自分たちだけで処理できないときは中国に頼って、兵を出してもらって解決する。そうしてきた。開国したのち、朝鮮が考えている道義の関係があるはずだと思っているのに、日本は勝手に押し入ってくる。朝鮮は戸惑っていたのではないでしょうか。

日清戦争[*17]では、東学の反乱鎮圧のため清国に派兵を頼んだことになっているが、最近の韓国の歴史家の意見では、頼まれたということです。清国自体が積極的に出ようという姿勢を見せた。当時のロシアの外交官の報告では、清国軍が出てくると、日本軍も来る、大変なことになると予想していました。

いずれにしても、清国の軍隊は朝鮮の要請を受けたとして出動した。

的な影響を大きく受けてきた。

＊17　**日清戦争**
1894～1895年。朝鮮の支配権をめぐる日清間の戦争。甲午農民戦争をきっかけに、清国が出兵すると、日本も出兵し、ソウルを占領して王宮を攻撃、制圧した。ついで、日本軍は清国軍を攻撃した。豊島沖海戦ののち、8月1日に宣戦の詔勅が発布された。平壌の戦闘、黄海の海戦などで勝利し、優勢な軍事力で日本が勝利を収めた。1895年4月に下関条約（日清講和条約）が締結され、「朝鮮の独立」承認、遼東半島・台湾の割譲、賠償金支払いなどが定められた。

清国軍はソウルより南の牙山に上陸して、東学党軍を抑える陣をしく。日本軍は東学党軍と関係なく、仁川《インチョン》に上陸してソウルを占領する、ソウル郊外に陣をしく。日本の軍隊は朝鮮側の論理とはまったく違う考えで行動するので、朝鮮側がうまく対応できない状態が続いている。

東学党はある種の思想運動で、東学党を鎮圧しようとする政権は儒教的論理でやっているから、討伐といっても説諭していくやり方のようです。朝鮮王権のやり方は日本のやり方とは文化的に違っている。日本の方は、力の強いものが総てを奪うという強盗の論理で、道義で解決する朝鮮の論理を日本は無視するわけです。

前田　その背景は、身分制がはっきりしていた状況があると思う。皇族と一般民衆と農民との格差が広くあり、崔済愚が東学を起こし、それに賛同させるとき、ほとんど貴族はそっぽを向いているわけですが。地理的条件で言えば牙山湾から南の忠清道《チュンチョンド》の農民や漁民が東学党に共鳴しているわけです。各地に叛が起き、小さな叛ですが広がりを持ち、農具を武器に東学を推し進めていく。

今、和田先生がおっしゃった中でいろいろあると思うのですが、貴族に対する農民の身分意識がちょっと違ったのではないかと思います。高さんいかがでしょうか。

▲釜山近郊の梵魚寺は、現在も近在の人々の厚い信仰を集めている。ここは壬辰倭乱や朝鮮戦争での激戦地である

▲韓国の各地では、古式ゆかしい民俗行事が各地で継承されている。海の神を祀る龍王祭がおこなわれている

▲常に権力に立ち向かってきた男《ナム》寺《サ》党《ダン》の舞（忠清北道安城）

▲珍島には、壬辰倭乱期にまつわる円舞「カンガンスウォルレ」が伝承されている

高　そうですね。日本にも同じ身分制というシステムがありましたが、だいぶ違うような気がしますね。私は韓国のテレビドラマ、それも歴史ものをときおり見るのですが、ちょっと面白いことを発見したと思っているのです。日本でもとてもヒットした「チャングムの誓い」[*18]というドラマもそうでしたが、たいてい主人公の身分はもと両班であったにもかかわらず、朝廷内の争いに巻き込まれてやむをえず、奴婢あるいは「白《ペク》丁《チョン》」という当時の朝鮮では最下層の身分に追いやられているというところから出発しています。他のドラマでもそうでしたが、主人公は正義を貫き、誠実に努力を積み重ねることによって、やがて本来は決してありえないであろう地位に上りつめていく……。一種の「出世物語」なんですが、よく考えてみれば出世ではなく、陥れられて失われた地位を取り戻す話なのですね。もちろん彼らは自らの経験を通して最下層に置かれた人々の生活を知ったことで、高い地位に上りつめた後でも人間の平等、尊厳ということへの意識を持つようにもなるのですが。ですからこれらの物語は一見、身分の壁を乗り越えていく話のように見えて、そうではない。そもそも最下層に置かれた人間が、その人の力量を発揮して出世するというのはありえない、だからフィクションとしても説得力をもてなかったのかとも思えてなりません。実際のところどうなんでしょうか。

＊18　「チャングムの誓い」　16世紀初頭の朝鮮王朝時代に実在したとされる、女官・医女のチャングムの苦難の半生を描いた韓国ＭＢＣ制作のテレビ・ドラマ。２００３～04年に韓国で放映されたのち、日本でも吹き替え版が放送され、おりからの「韓流ブーム」の波にのって高視聴率をあげた。

身分制度はまさに朝鮮朝廷そのものでもあるので、これを壊すものへの警戒はとてつもなく大きかったし、絶対的だったのではないでしょうか。

和田 身分制度的なものが強いということは、身分的な上下秩序で抑えていけると考えるということです。日本は身分に関係のない世界になっていて、力の強い者が弱い者に勝つわけです。

王が儒教的な理念で理想的な統治をおこなえば、臣下が叛乱を起こすはずはないわけです。現実には問題が噴出してくるという状況がもちろんあったわけでしょうが。近代の国家システムは、軍隊を作って外国と戦う、外国から国を守ると同時に、国内では叛乱を抑えこむ。軍隊のほかに警察をつくり、警察と軍隊で徹底的に抑えこんでいくことが国家の前提です。しかし、朝鮮では、こういうシステムを導入することに長い間抵抗があったと思います。

前田 1882年7月23日に壬午軍乱が、1884年に甲申政変がある。この時代1880年代の前半は朝鮮半島が大きく揺れ動いた時代。改革はいろいろな問題があると思うが、1883年に朝鮮南部各地で農民が蜂起する。1884年に全羅道《チョルラド》で民乱が起きて、これが根っこになる甲午農民戦争につながって行く。このときに面白いと思ったのは、ほとんどの地方官が追放されている。甲午農民戦争の基本的な動きの中で　地方公務員を追い出しにかかる。そういう抑圧された側の発露がより良く見えてくるのかな、と。これが第一次甲午農民戦争のうねりになって、政権は中国に援軍を頼む。

援軍を頼んだことによって中国の軍隊が攻め入ってくる。そこへ日本も同調するように行って、1894年8月1日、清に宣戦布告をするという歴史的事実がある。だから、民乱を契機にした日本軍の大きな危機感が、日清戦争につながるわけです。

だけど、日本はそれを狙っていた兆しがあるかないか。つまり、朝鮮半島の内部に中国の軍隊が入って、一体化していくことを恐れながらそれを読んでいて、日本は朝鮮に攻め入ったのではないかという論もあります。

和田　日本の学者の中にある論議では、日本は最初から大陸進出しようとしていたのではなく、財政を健全にして小国主義的に国家を経営しようとしていた。その行き方が決定的に違ってくるのは、日清戦争のときからだったというのです。しかし、その説は単純化しているのであって、日本国家はやはり早くから富国強兵を図った上、対外膨張をしようという衝動をひめていた。対外膨張の最初の対象が朝鮮であった。最初は征韓

＊19　**金玉均**
1851～1894年。朝鮮の近代化をはかる開化派・独立党の指導者。壬午軍乱の謝罪使として来日し、福沢諭吉の影響などで親日派になった。朴泳孝らと甲申政変を起こしたが失敗して日本に亡命した。1894年に上海に渡り、朝鮮国王から送られた刺客によって暗殺された。墓は、韓国

論、次は甲申政変、金玉均《キムオッキュン》[*19]の決起をめぐる動きです。金玉均は福沢諭吉[*20]のところに来て勉強した人で、日本の近代化を朝鮮に取り入れたいと考えた開化派の親日派です。

日本で勉強した金玉均が福沢諭吉の「人の上に人をつくらず」という考えがいいとして、朝鮮で近代化のためのクーデターを仕掛ける。それを福沢が援助することになっていたのです。ところが決起は失敗する。そうすると、福沢はすぐ「脱亜論」[*21]を出すのです。朝鮮は状況が複雑で、ことがうまくいかないのは当然です。考えられないのは弟子が1回決起して失敗して、日本に逃げてきたら、すぐにだめだ、朝鮮人は独立できないと決めつけて、「アジア東方の悪友を謝絶する」、西洋人と同じようにやるというのです。先生が弟子に言う言葉でしょうか。先生の言うとおりにやってみて、失敗した。同志は命も落としている。そういう弟子に向かって、先生がおまえたちは「だめだ」「見込みがない」と言うのは考えられません。福沢は「脱亜論」で挫折している。何か下心が見えてしまう。朝鮮で改革しようとか近代化しようとかする勢力は日本を受け入れる勢力だから、これを援助すれば、朝鮮に日本の勢力が拡大するという気持ちでやっている。うまくいかないと、これではだめだ、われわれも西洋と同じようにやろう、朝鮮を力でねじ伏せていくという話に

のほかに、日本の青山墓地にもある。

＊20 **福沢諭吉** 1834～1901年。豊前中津藩士出身で、日本近代の啓蒙思想の第一人者。慶応義塾の創設、「時事新報」の創刊などで、民権運動に大きな影響を与えた。朝鮮の開化派・独立党の金玉均らとの接触があり、朝鮮の政治にも深く関わった。『学問のすすめ』『文明論之概略』などの著書が知られている。

＊21 **「脱亜論」** 1885年、福沢諭吉が主宰する「時事新報」に社説として発表した論説。清国や朝鮮の文明開化は絶望的で、亡国は必至だ。日本は両国の開明を待って一緒にアジアを興すことはできない。西洋の文明国と一緒になって、西洋人のやり方でこの2国を処分すべきだと主張した。

なっていったのです。

僕たちは１９７０年代韓国民主化運動*22を応援していました。韓国の運動は失敗の連続でも、怒っているひまはない。この人々には民主主義をやる能力が無いなんて、考えるはずもない。だから、福沢の「脱亜論」は驚きです。

次は甲午農民戦争が起こって、問題が発生する。反乱を鎮圧できないので、清国軍が頼まれたからと言って、朝鮮に入った。すると、日本は来てくれと言われなくても軍隊を送り込む。中塚明さんが福島県立図書館にある日清戦争公式戦史の草稿を発見した。刊行された戦史*23には、日本軍が王宮の前をたまたま通って移動していた時、朝鮮側から攻撃を受けたので衝突が起こったと書いてある。陸奥宗光《むつむねみつ》*24の『蹇蹇録《けんけんろく》』*25にもそう書いている。中塚さんが発見した草稿には、「不意ニ起リテ王宮ニ侵入シ、韓兵ヲ駆逐シ、国王ヲ擒ニスル」という命令が出されていたと書かれていた。その命令により、計画的に行動したわけです。

前田　意図的である。

和田　だから私の考えでは、戦争は朝鮮戦争として始まったのです。それが次に日清戦争になったのです。

＊22　１９７０年代韓国民主化運動　61年の軍事クーデタで権力を握った朴正熙大統領が72年にはじめた極限的独裁政治（維新体制）に反対して、ねばり強くとりくまれた学生・労働者・政治家など幅広い領域にわたる一連の民主化の闘い。ＫＣＩＡによる金大中拉致事件、金芝河らが弾圧を受けた「民青学連」事件、平和市場労働者・全泰壱の決起、ＹＨ貿易や東一紡績などの女性労働者の闘い、等々。

＊23　中塚明さんが……刊行された戦史　中塚明著『歴史の偽造をただす―戦史から消された日本軍の「朝鮮王宮占領」』（高文研、１９９７年）参照。福島県立図書館にある草稿とは、同館「佐藤文庫」のなかに残る『明治廿七八年日清戦争史』を指す。中塚明は、１９２９年生まれの日本近代史研究者。著書は『近

▼朝鮮国王の宮殿である景福宮の正門＝往時の光化門。韓国併合100年目の夏に旧位置に復元された＊

▲日本公使の指揮により寝室を襲われて殺害された高宗の皇后の閔妃。ただし最近の考証では、閔妃の写真ではないとの説が出されている＊

▲保護条約の無効を訴え退位を強制された朝鮮王朝第26代高宗（左）と、朝鮮王朝最後の皇帝でその息子である純宗（右）＊

■無謀な日清戦争へ

前田　1895年閔妃《ミンピ》暗殺*26がある。この時代は激動のエキセントリックな日本の闘いが朝鮮半島で展開される。東アジアが大いにゆれていく。その元凶は日本にあるのではないかと思う。1894年11月、忠清道の公州《コンジュ》で農民軍と日本軍が衝突する。ところが日本軍は軍事訓練を受けた戦闘技術と武器を持っていた。農民軍は、カマやクワなどの農具を中心にほとんど武器は無くて、日本軍はいっきに農民軍を潰すことができた。農民軍は公州から全州に逃れてそこで再起を図る。1895年初冬に全琫準《チョンボンジュン》*27は捕らえられて漢城《ハンソン》で処刑されるという現実がある。東学党の第2次蜂起は、純粋な叛乱ということではなく、日本を駆逐せんとした朝鮮政府の思惑も働いていて、朝鮮の政府内部が不安定な状況であった。王族、貴族と一般民衆の中を1本貫いた民主化というものがまったく図れなかった。そこに朝鮮の悲劇があった。不安定な朝鮮の政局、政治の中心の核をなすものが無かったという感じがします。

日本軍は、全州城を完全に占領します。そして日清戦争が1894（明治27）年の7月に始まって1895年の3月まで続いた結果、大日本帝国と大清国の闘いはあっさりとけりをつけていく。面白いと思ったの

代日本と朝鮮』（三省堂）、『「蹇蹇録」の世界』（みすず書房）など。

*24 **陸奥宗光**
1844〜1897年。和歌山藩出身、幕末は海援隊に加わる。駐米公使などを経て、第2次伊藤内閣の外相となり、日清戦争の直前に日英通商航海条約を結んで、不平等条約の改正に成功した。日清戦争の講和条約と三国干渉の処理にあたった。

*25 **『蹇蹇録』**
外務大臣の陸奥宗光が、日本の外交の舞台裏、とくに1894〜95年の日清戦争と三国干渉に関して、機密文書を用いて記した回顧録。国会図書館憲政資料室蔵。中塚明校注『新訂 蹇蹇録—日清戦争外交秘録』（岩波文庫、1983年）参照。

*26 **閔妃暗殺**
閔妃は朝鮮国王高宗（李大王）の王妃。立后後、

は、甲午農民戦争という場合もあれば、全州の全北新聞社の僕の友人でもある金恩正《キムウンジョン》氏らが取材記録した『東学農民革命』[28]という書物がありそういう言い方もある。しかし韓国にもこういう呼び方に反対する人もいる。農民戦争といっても、いまだに韓国内では多面的な捉え方があって、単にそれは農民の一揆ではないと、いやこれこそ革命であったと。このことの中に最初に話したように、東海岸の地域の人たちには、西海岸を差別するような要素がその時代にはびこっていたと思う。つまり、東の勢力は西の勢力をやっつけるという思考を王族も利用している部分もあったし、一つのカオス状況の中で混沌として、そこへ清と日本が攻め込んだ。

高　朝鮮半島の中に立って、実際に現場を見たときどういうふうに見えてきたかと、その辺のことはわからないのですが、高さんどうでしょうか。

忘れてならないのは、秀吉の朝鮮侵略[29]（文禄・慶長の役 1592―1598）というのは朝鮮人にとってはものすごく深く記憶の中に残っているということです。今から10年ほど前、私は韓国のある大学教授に質問して、なんともやりきれない思いがしたことがあります。そのとき私は単純に、秀吉の侵略当時の朝鮮の風俗、歴史遺産を知ることのできる博物館のようなところがあれば教えて欲しいと尋ねたのだと思いま

高宗の実父の大院君を退け、高宗の親政を実現した。当初は親日派として近代化を進めたが、壬午軍乱・甲申政変後は清勢力とはかり親日派を圧迫。日清戦争時には勢力を失ったが、三国干渉を契機にロシアの力をたよりにして親日派を追放するなどした。1895年10月、日本公使三浦梧楼の指揮で公使館守備隊と壮士グループが出動、景福宮内の寝室を襲われて殺害された（閔妃事件・乙未事変）。

＊27 **全琫準** 1854〜1895年。もともと東学の接主（地方幹部）であり、郡守（派遣地方官）の悪政に反対した全羅道古阜の東学農民蜂起（第1次甲午農民戦争）時の農民軍の指導者。全州和約の後、日本の侵略に反対して再蜂起（第2次甲午農民戦争）したが、逮捕されて死刑に処されるとまもなく、地

す。最初、その教授は私の質問の意味がよくわからないという顔をされていました。何度か繰り返すうちに、ようやく私の質問が理解されたようでした。そしておもむろに答えられたのは、「どうしてそんなものがあるというのですか」「そんなものが残っているわけがないじゃありませんか」という答えだったのです。あなたは、それほどの収奪が朝鮮半島で行われたことを知らなかったのか、と言葉には出さなかったのですが、そのとき暗い顔をされたのを忘れることができません。私は何ひとつ知っていなかったということに改めて気づかされました。そしてわかったのです。朝鮮から見て、日本はとてつもない野蛮な国であるという、ある種、民族としての記憶として体験が刻まれてきたのだろうと。

　であるにもかかわらず、そのまま再び日本が入ることを許してしまったとしたら、それはなぜなのか。朝鮮はやはり「外交」ということを重んじてきた国なのだと思います。秀吉の侵略を経て、断絶していた日朝関係が、江戸期に入ってそれをなんとか回復しようとした徳川幕府に対して何らかの信頼を抱いていたはずです。それで秀吉時代に拉致された儒者や陶工など[*30]を帰国させるべく朝鮮通信使[*31]が派遣されることにもなったわけです。過去にどのようなことがあったにせよ、謝罪し、友好関係を結んでいく努力を示すことで新たな関係が築かれたのだと信じようと

域の農民軍も政府軍と日本軍に鎮圧された。

＊28 **『東学農民革命』** 金恩正・文炅敏・金元容著『東学農民革命100年─革命の野火、その黄土の道の歴史を尋ねて』（朴孟洙監修、信長正義訳、つぶて書房、2007年）参照。

＊29 **秀吉の朝鮮侵略** 日本では文禄・慶長の役、韓国では壬辰・丁酉倭乱と呼ばれる、豊臣秀吉の2次にわたる朝鮮侵略戦争。肥前の名護屋城を出撃地に、15万余の兵力を投入して始まったが、秀吉の死を待って倭軍は撤退した。戦功として送られた朝鮮の人々の鼻や耳を埋めたとされる「耳塚」が京都にあり、戦闘の残酷さをいまに伝えている。2009年、前田憲二監督作品、長編記録映画『月下の侵略者─文禄・慶長の役と「耳塚」』参照。

思っていたのだと思います。そして「外交」によって新たな秩序をつくりだせたと自負を抱いていたのではないでしょうか。

もちろん同時に朝廷は秀吉時代以降、民衆の中に渦巻いていた自分たちに対する不信感を挽回しなければならないところにも置かれていたと思います。民衆たちの怒りの矛先がいつ朝廷そのものに向かうかわからない、そこまできていたと思います。

前田　ちょうど壬辰倭乱《イムジンウェラン》の頃、「倭奴《ウェノム》*32」という言葉が生まれ、東学党の中にはそういう思考も大いに働いていた。つまり、地方長官とか官庁を撃滅するだけでなく、日本を排撃しなければいけないと。そして農民たちが団結していく。農民たちは、自国の貴族を殲滅し、同時に「倭奴」を駆逐するという問題もあるからよけいに複雑な状況があったと思う。

日本の場合は武家社会だから、各藩があってそこへ大きな核があってそのリーダーシップを秀吉がとってきたわけで、1871年の廃藩置県になるまで遺されているわけです。韓国と日本の社会状況はまったく違うと捉えている。

和田　いろいろ議論があります。小農社会としては東アジアの共通性がある。しかし、徳川の幕藩体制は独特のものであり、明治維新で、天皇を担ぎ出して、徳川幕府を倒し、天皇制国家を革命的に作るわけです。朝鮮の

***30　儒者や陶工など**
儒者としては藤堂軍が連行した姜沆、陶工は有田焼の祖の李参平や薩摩焼の沈当吉などが高名である。また、おたあジュリアや大添・小添姉妹などの朝鮮女性や、おびただしい書画や工芸品などの文物も略奪された。

***31　朝鮮通信使**
文禄・慶長の役の戦後処理として、日本に連行された捕虜の帰還を求めてはじまった、朝鮮政府と徳川幕府との講和にもとづいて開始された使節派遣制度。最初の3回は「回答兼刷還使」と呼ばれたが、4回目（1636年）以後は「通信使」と改められ、19世紀までに都合12回の朝鮮使節が送られた。日本使の漢城への入城は、地理上の探偵防止を理由に禁じられた。

***32　倭奴**
朝鮮人の、日本人に対する蔑称。古代の中国にお

場合はそのような道をとることは大変難しかった。金玉均のように近代化クーデタをやる際に、国王をどのように考えるか難しいところだったと思います。高宗《コジョン》*33は高宗で自分の考えがあり、自分の権力を強めて、改革を進めようとした。しかし、それが国を変えていくことができるようなまとまりをもってこない。

農民の方は農民で、理想社会に生きたいというユートピア思想を持っている。国王がその夢を実現してくれるのか、それとも東学革命が勝って、崔済愚が新しい王になれば、うまくいくのかがはっきりわからない。金玉均の線と東学党の線は完全に切れているわけで、そこが苦しいところです。

さて、日清戦争にもどると、日清戦争は、明治維新で強い軍隊を作った日本が勝ち、清国が負けました。重要な戦闘は平壌《ピョンヤン》の闘いで、日本軍は清国軍と戦って1日で平壌を陥落させます。これが日清戦争最大の戦闘でした。日本は戦争に勝ったとして、下関の講和会議*34で、大変な要求を出す。清国が完全に朝鮮半島から手を引くことと台湾をよこせ、賠償金を出せということに加えて、遼東半島《リャオトン》をよこせと要求した。遼東半島をとるということはあまりに過激な要求だという印象を世界に与えました。

ける日本の呼び名（倭奴国）の漢字表記から、韓国・朝鮮ではウェノムと発音した。

＊33 **高宗**
1852～1919年。李朝第26代の王で、在位は1863～1907年。1873年より親政をおこない、97年には皇帝に即位した。1907年のハーグ密使事件を機に、伊藤博文統監により退位を強要された。

＊34 **下関の講和会議**
1895年4月、下関で日清戦争の講和条約が締結された（下関条約）。日本全権として伊藤博文・陸奥宗光、清国全権は李鴻章が臨んだ。内容は、日本へ清の朝鮮独立承認、日本へ遼東半島・台湾などの割譲、戦費賠償金の支払いなどであった。

▲豊臣秀吉による侵略戦争で、戦功の証として、そぎ落とされた朝鮮人の鼻が埋納されたという耳塚。林羅山が妻への手紙で「鼻塚」と記すのは心苦しいので「耳塚」とした。それを契機にいつしか「耳塚」となる（京都市東山区）

▶
倭軍を撃破した李舜臣率いる朝鮮水軍の亀甲船縮尺模型（ソウル李舜臣記念館）

そこで、三国干渉*35になります。ロシア、フランス、ドイツは日本が遼東半島をとることは認められない、返しなさいと申し入れたのです。日本は屈服します。ここで欲張ってはいけないと反省すればよいのだが、日本人としてこんな屈辱は許さないぞと臥薪嘗胆《がしんしょうたん》*36になっていく。

ところで、日本がロシアの圧力に屈したので、朝鮮ではロシアの影響力が強くなっていく。国王も閔妃もやはりロシアを頼りにすれば日本を抑えることができると考える。日本は戦争で勝利を収めたのに、これでは勝利が無駄になってしまう。大変だと思った浪人や参謀本部の軍人たちが巻き返せということで、閔妃殺害のクーデタを起こす。新任の公使三浦梧楼が中心になって閔妃暗殺を実行するわけです。その現場をロシア人に見られてしまう。これで日本の立場はなくなるのです。だから、そのあとはなんとかロシアと話し合って、日本の権益を残したいということになります。将来は軍備を拡張してもう一度巻き返すことにして、今は頭を下げてロシアと手を握って、日本の力を朝鮮に残そうとしたのです。

前田　高さんは閔妃暗殺についてどう思われますか。

高　日本に置き換えてみるといいと思います。むしろ私は、普通の日本人に聞いてみたい。日本の皇后がいきなり他国の軍人によって殺され、陵

＊35　**三国干渉**
1895年4月、露・独・仏の3国が、下関条約で定められた遼東半島が日本の領有地となれば、清国の首都に脅威となり、朝鮮の独立を幻想とするとして、清国に返還することを勧告した。日本はやむをえず受諾し、還付代償金を受けとった。

＊36　**臥薪嘗胆**
中国春秋時代の呉越の争いの故事で、報復のために苦しんで耐え、努力するという意味内容。三国干渉の中心であるロシアへの敵対をあおり、日清戦後の危機的な情勢を乗り切り、挙国一致体制をつくるために、伊藤内閣が流した国民向けスローガン。

辱され、焼かれるということが考えられますかと。いったい何がこういったことを平然とおこなうことを可能とするのでしょうか。

前田 土足で入っていきなりですからね。

和田 薩英戦争[*37]のときも節度があった、下関戦争[*38]のときも節度があった。日本側が砲撃するとイギリスも砲撃したが、西側の強国の態度にはある程度節度があった。だが日本は、何をしてもよいという考えになっていく。京都の御所を包囲して圧力をかけるというような、明治維新でやったやり方を朝鮮でもやってもよいと考える。自分のやってきたことを絶対化して、戦国時代と変わらないやり方です。

閔妃を殺害して、犯人がみんな捕まって裁判にかけられるが、全員無罪になる。その後10年もすれば、そういう人々は外務省の局長になったり、大臣になったりしている。朝鮮から見ると考えられない事態です。道徳的なプリンシプルがないわけです。日本国家のためにやったのだから、証拠が見つからなければ、無罪だ、無罪になれば結構だ。それで通してしまっている。大きな問題だと思う。

前田 日本は周囲が全部海です。孤立している。朝鮮は半島といえども大陸の一部である。そういう形の中で日本の在り方をみる。地図をひっくり返して、日本を大陸の方からみた場合、日本は井の中の蛙です。そうい

＊37 **薩英戦争**
1863年、生麦事件の報復のために、イギリス艦隊が鹿児島沖に来航して砲撃し交戦したが、まもなく講和が成立して交流を深める恰好のきっかけとなった。

＊38 **下関戦争**
1864年、長州藩の外国船砲撃への報復と、海峡の安全航行を確保するため英・米・仏・蘭4国の連合艦隊が下関を砲撃し、上陸して砲台などを占領した。その結果、長州藩では開国を主張する声が大きくなった。

う独特の独自性というもので国際的感覚を作っていく。もちろん日本は長い歴史の中では渡来文化も多いわけですし、外国との貿易があるわけだし。だけれども、藩制という形ではびこっていた国だし、独特の社会観を持っていたと思う。大陸のなかで考えたものではなく、あくまで孤立した日本列島のなかでの国際感覚ということがいえる。それが悪いとかいいとかの問題ではなく、つまり井の中の蛙で大陸の中のあり方を考えている。下関条約は陸奥宗光がやっているわけだけど、その要求も変わった要求をしている。日清戦争あるいは東学党の叛に影響を与えたのは日本の過激な考え方、つまり朝鮮を侵略したいという要求があったと思う。

和田　国際法を重視するということが強調されました。日清戦争のとき旅順で虐殺したと言われているが、軍隊と軍隊のあいだに起こったことです。一般的には国際法を重んじるという形で戦争している。しかし、一方には閔妃殺害のように目的の為には何をしてもいいのだということになる。完全に二元論です。これが問題だと思う。後進国だから先進国が作った国際法を遵守しなければならない。しかし、後進国だから追いつく為にはあらゆる手段を使ってもよいという議論があった。そういう形で近代化してきた。

▼中国東北部の原城外で、ロシア軍スパイの首切り処刑をする日本軍＊

▲捕らえられた抗日義兵は、目隠しのうえ、漢城（ソウル）まで護送された＊

▲日露戦争のころ、日本の侵略に抵抗した朝鮮人は「国事犯」として処刑された＊

■激動する東アジア情勢

前田　世紀末の荒れ狂う情勢の中で、1890年代を迎える。1904年（明治37）から1905年（明治38）に日露戦争[*39]が始まる。

和田　1896年山県有朋がニコライ2世の戴冠式に持っていったのは、朝鮮を南と北に分けましょうという案だ。しかし、ロシアは朝鮮北部を抑えるという案に乗らなかった。朝鮮国王がロシア公使館に逃げ込んで[*40]いる。王はロシアに軍事顧問と財政顧問を派遣してくれと言い続けている。山県のあとから来た朝鮮代表は露韓同盟を結んで日本に対抗するという案をもってくる。

　そこで、山県とは、軍隊を出すときは相互に気をつけて出しましょうというくらいの協定を結んだのです（山県・ロバノフ協定[*41]）。後になって考えると、このときが日本とロシアの間で朝鮮をめぐって協定する一番のチャンスだった。ロシアと日本が協定を結べば、朝鮮が独立を保つ可能性があった。そうなれば日本とロシアが朝鮮の中立を保障することができたかもしれない。しかし、そういう協定は結ばれなかったのです。

　その時、西徳二郎[*42]がロシアの公使でした。彼は「ロシアは朝鮮でなにかやる気がない。朝鮮をとる気もない。だから日本が力を付けて押し戻

＊39　**日露戦争**
1904～1905年。朝鮮と満州の支配権をめぐってひき起こされた日本とロシアの戦争。奉天会戦、日本海海戦などで日本軍が有利に戦いをすすめる情勢で米大統領が講和に乗りだし、1905年9月、ポーツマスで講和条約が調印された。

＊40　**朝鮮国王がロシア公使館に……**
日本は閔妃事件により、親日的政権の擁立をはかったが、その後の親日派の（第4次）金弘集政権内部でも、李完用ら閣僚たちはロシアへの傾斜を深めた。1896年2月に親露派は高宗をロシア公使館に移し（露館播遷）、クーデタを起こして金弘集らを殺し、政権を倒した。

＊41　**山県・ロバノフ協定**
1896年6月9日、ロシア皇帝戴冠式に出席し

せばロシアを押し出せる」と、東京に報告しています。これは決定的な報告だと思う。日本は軍備を増強して、1900年になると満州にロシアが出てくると、それなら朝鮮は日本が全部いただきますと要求するようになる。

ロシアはそれはだめだと主張する。1900年に初めて朝鮮国王、いまは大韓帝国皇帝が韓国の中立化を望んだのをロシア側は支持する。日本は当然ながら拒否です。1901年に桂内閣ができて小村寿太郎*43が外務大臣となる。彼は閔妃殺害事件の後始末にソウルに行って、そのまま公使になった。大変な状況を経験している。朝鮮は必ずとるという決意でいた。ロシアが満州にいるので必ずやってくる。日本が朝鮮をとって満州に進み出て行くことによってロシアを抑えられる。しかし、当面はロシアに対して朝鮮の権益を日本に認めろというふうに交渉しよう。ロシアは認めないだろう。認めなければ戦争をして、認めさせる。なぜなら、将来シベリア鉄道が完成したら、戦争がしにくくなる。今はまだ完成していないので、今なら戦争ができる。

これが小村の考えで、大山巌*44参謀総長が考えたことでもあります。この案で交渉をはじめるのですが、心の中は戦争するつもりでいる。ロシアの方は目下朝鮮をとる気はないけれど、大国のメンツにかけて日本の

た山県有朋が、ロシア外相ロバノフ＝ロストフスキーとともに、朝鮮の改革援助、必要な場合は両国が出兵することなどをもりこんだ協定に調印した。

＊42 **西徳二郎**
1847～1912年。ロシア留学して、ロシア公使。1898年、外相としてロシア公使ローゼンとともに、朝鮮への軍事顧問の派遣は両国の合意による、日本の朝鮮での商工業の進出を尊重するなどとした協定を結んだ（西・ローゼン議定書）。

＊43 **小村寿太郎**
1855～1911年。第1次桂太郎内閣の外相として、日英同盟協約の締結や日露戦争の講和会議にあたった。第2次桂内閣の外相としては、1910年の韓国併合や11年の日米通商航海条約を調印するなどした。

要求を認めるわけにはいかない。それで戦争は不可避になったのです。

この戦争は日本としてみるとまた朝鮮戦争としてはじまった。まず、最初に艦隊が鎮海湾《チンヘ》を抑えて馬山《マサン》電信局を制圧した。その後仁川に上陸してソウルを占領した。旅順で戦争しているけれど、それは、韓国皇帝を震え上がらせるためにやっている。まず皇帝を屈服させて、日韓議定書を結ばせる。これで韓国保護国化の第一歩が踏み出されたのです。

前田 その時、朝鮮内部で朝鮮は中立を宣言しているんですか。親日派はいたのですか。

和田 親日派はいましたよ。親日派外相は日本と軍事同盟を結ぼうとしていたのです。日本は大臣たちを招待してソウル郊外で軍事演習をするんです。日本は強いぞ、日本に従えと言っているわけです。皇帝は反対です。ひそかに文書をそろえて、ロシア公使を通じて芝罘《チーフ》という地にあったフランス領事に書類を送る。表からも使節を送ると同時に、裏からも同じ書類を送る。その文書をフランス領事が発表する。全世界の国々に「大韓帝国は中立だ」と通知を出す。これを実質的に尊重するとしたのはロシアだけです。

日本は反論する。中立を言うなら、外国軍が入ってきたら撃退する手立てを講じなければならない。手立てを講じられない朝鮮には中立を主

＊44 **大山巌** 1842～1916年。鹿児島出身の軍人・政治家。日清戦争では第2軍司令官、日露戦争では満州軍総司令官。陸軍大将・元帥を経て、退役後は元老となった

▲挺身隊員だったハルモニの取材をする前田監督（太平洋戦争遺族会本部事務所）

▲光州にある太平洋戦争遺族会本部事務所

▲農家の縁先で聞き取りをする前田監督（慶尚南道陜川郡陜川邑）

▲ 1972 年に民間団体によって設立された慶尚南道陜川の原爆被害者診療所

張する資格がない。これが日本の態度です。

前田　結果的に日本は旅順と奉天に攻め入って、惨憺たる状況を引き起こした。アメリカが介入してくる。ルーズベルトが仲立ちして斡旋する。ポーツマスにおいて講和条約が成立[*45]する。日露戦争という呼び方はおかしいと思う。

和田　いや、今度も朝鮮戦争が日露戦争になったのです。日露戦争ではまず旅順が陥落する。奉天の会戦でロシアは敗北する。ロシアの司令官は無能だった。そしてバルチック艦隊が日本海海戦で完敗する。

米国ではこの戦争は古い文明と新しい文明の闘いだと言っていた。米国のジョージ・ケナン[*46]という新聞記者はロシア自由の友の会の会員だが、帝政ロシアが負けるのがよい、つまり「日本が勝つのがよい」、だから朝鮮は日本に従えばよい、朝鮮人は「衰退した東洋文明のくさった産物」だと言いはなった。

ポーツマス講和の最大の眼目は、日本が朝鮮に卓越した権益を持つことをロシアが認めることでした。交渉で勝ち取れなかったものを戦争で打ち負かしてとったのです。

＊45　**ポーツマスにおいて講和条約が成立**　1905年9月、アメリカのポーツマスで、日本全権小村寿太郎とロシア全権ヴィッテが、日露戦争の戦後処理について話し合い、日露講和条約を結んだ。内容は、日本の韓国指導権の承認、日本への旅順・大連の租借権と東清鉄道の利権の一部譲渡、樺太南部などの割譲などであった。

＊46　**ジョージ・ケナン**　1845～1924年。ジャーナリスト。シベリアを踏査し、91年に『シベリアと流刑制度』を著した。1940～50年代末にかけての外交政策立案者で、ソ連の封じ込めを柱とするアメリカの冷戦政策を計画した同名の人物は甥である。

＊47　**韓国併合**　1910年8月22日、「韓国併合条約」が調印された。8月29日、条約が公

■安重根の抵抗と韓国併合

前田　韓国併合[47]に入るんですが、1909年、ハルビンで安重根《アンジュングン》[48]によって伊藤博文[49]が暗殺される。この地点で韓国併合に関する条約が出てくる。

高　安重根はひとりの朝鮮人テロリストという感覚で以前は見ていました。私は在日の3世なんですが、学校は小学校から大学まで日本の教育しか受けていません。まさに「日本人と同じ」教育を受けてきました。個人的には歴史というものに関心を持っていませんでした。それでもやむなく学んだ教育の中で身につけたのが、伊藤博文を暗殺した朝鮮人のテロリストという像だったように思います。安重根がどういう時代の状況の中で、どのような思想を持っていたのか。この人の果たした役割は何だったのか、そういうことにようやく目を向け出すのは最近のことです。朝鮮半島において民族の英雄という視点で見られているということはどういうことなのか。立場が違えば価値観も異なるということではなく、歴史そのものを知ることによって、見えてくる真実というものがあると思います。今、話された中にも出てきましたが、朝鮮が置かれた状況と日本がやってきたことを考えると、ある意味必然という形で出てきた人なのでしょう。日本と朝鮮はまさに「併合」直前の戦争状況にあっ

布され、天皇の併合詔書が出され、韓国は日本の植民地となった。以来、1945年の日本の敗戦にいたるまでの36年間（日帝支配の36年）、朝鮮の民衆は、有無をいわせぬ強権支配のもとで塗炭の苦しみを味わった。同条約の全文は、巻末資料に収載。

*48 **安重根**
1879～1910年。朝鮮の独立運動家で、「大韓義軍」を組織するなど抗日活動を行った。1909年、ハルビン駅で伊藤博文を射殺し、死刑に処せられた。韓国では、抗日闘争の義士と讃えられ、ソウルには記念館も建設されている。未完の遺稿『東洋平和論』には、日・韓・中の3国が連携して東洋の平和を守るべきことが論じられている。

*49 **伊藤博文**
1841～1909年。

たことを忘れてはならないし、伊藤博文は侵略者として入ってくる日本の象徴だったわけですから。

前田　刑務所に日本人の牢番がいて、安重根と親しく付き合ったわけで、いよいよ死刑になるという時点で、牢番の千葉さん*50が安重根を尊敬する。安重根はひとりではないと。民族を背負ってきていることに気づかれるわけです。彼は日本の立場も考える。

和田　安重根の問題は難しい問題です。NHKは4月に併合100年シリーズ第1回目で「伊藤博文と安重根」をやりました。これは初めてTVで取り上げるテーマだと思う。将来、このテーマでドラマを作って朝鮮人も韓国人も日本人も一緒に見られる日が来ればいいなと思います。

なかなかそこまでにいくには研究を深め、かつお互い理解をしあわなければならないでしょう。伊藤博文は日本にとって見れば彼抜きでは日本の近代国家はないような重要人物です。それで、安重根は朝鮮民族の英雄です。最近になって伊藤博文は理性的な人であって、朝鮮を保護国にしたままにして、併合はやめると考えていたのではないかというような見方をする人があらわれているのですが、そういう見方は日本人の気分を楽にするためのものでしょう。

安重根が伊藤博文をなぜ殺したかというと、ひとつは、閔妃を殺した

長州萩出身の政治家。華族令・内閣制度を創設し、日本の初代の首相となった。枢密院議長として明治憲法制定の中心となり、4次におよぶ内閣を組織し、近代日本の政党政治の礎を築いた。晩年は元老として勢力を保ち、日露戦争の後、初代韓国統監となった。

＊50　牢番の千葉さん
安重根が収監されていた旅順刑務所の日本人看守。安から死刑執行の当日、感謝のこもった「為国献身軍人本文」の遺墨と、薬指を切断した左手の墨形を受けとった。千葉は、この遺墨に終生合掌し、安の冥福を祈りつづけたという。千葉の郷里の宮城県の大林寺には、千葉十七の墓と安重根と2人の顕彰碑が建っている。

張本人であり、責任者であると説明されています。閔妃殺害のさい、伊藤博文は日本の首相でした。だから、実行犯である三浦梧楼公使ではなくて伊藤博文が張本人だということになっている。安重根の行動は閔妃殺害に対する反応であるということは明らかです。

安重根は「東洋平和論」という考えを持っていました。日本、中国、朝鮮が助け合って生きる体制が必要だとそういう考え方を説いている。日本のやっていることは、そういう理想に反するという考えです。死刑判決を受けて処刑されるまで自分の「東洋平和論」を書き上げたいと願っていたのですが、それは果たされず、未完のままに終ったのです。

3月に私は大邱《テグ》博物館で開かれた安重根シンポジウムに行ったのですが、そのとき、国債報償運動のことを聞きました。伊藤が決めた借款を国民の力で返そうという運動です。1907年に大邱から起きた運動で、北のほうにいたその活動家が安重根であるということです。朝鮮では、1904年ぐらいからまさに亡国の危機が近づいたという状況に立ちいたって、新しい人、新しい考えが起こってきました。そういう新しい考え方をもつ人のひとりが安重根であったのです。

前田　今は、日本人も戦後65年を迎えて、そのことの中で安重根がテロリストだと一方的な見方をする人の数はだんだん減ってきている。まだ一部にはあるけれど。彼に対する見方がゆるやかになって、民族性を背負っているということを日本人もやっと理解してきた。それも知識人の大きな力があると思う。

１９１０年は不当に韓国併合となった。寺内は併合のために韓国に行った。朝鮮支配を意図した日本が１９０４年以降、韓国の内政、外交権を完全に掌握して、その後、韓国併合条約、これによって韓国を領有するようになった。と同時に李氏朝鮮は完全に消滅していく。その内実は経済、いろいろな原料、商品市場、政治的主権、それらを日本が完全に従属させていく。日本贔屓《びいき》をしている人々を優遇していく。そして朝鮮に日本の力を浸透させる。こういう力関係があった。ちょうど今から１００年前に、１９１０年8月22日に、強引に韓国は併合された。

高　韓国併合ということですが、１９９５年、海野福寿さんが岩波新書で『韓国併合』という本[*51]を出されました。この本は出た直後から論議を巻き起こしたことを覚えています。その論議の的になったのが、併合の合法性についてでした。海野さんは併合の形はどうあれ、国際法上として形式としては整っている、ゆえに「合法」なのだと結論づけていたように思います。このことが当時、学者たちのみならず、朝鮮問題に関心のある層でかなり話題になり、その後、日本において「韓国併合」に対

＊51　**海野福寿さんが……本**
海野福寿著『韓国併合』（岩波新書、１９９５年）、『韓国併合史の研究』（２０００年、岩波書店）などを参照。

する見方を方向づけたようにも思われるのですが、和田さんご自身はこのことについてどのように考えられますか。

和田　まず、ポーツマス条約で日本が韓国に対して卓越した権益を持っていることをロシアに認めさせた直後に、第2次日韓協約[*52]（乙巳《ウルサ》保護条約）が調印されます。伊藤博文が乗り込んで行って強引なやり方で調印させます。この条約に対して高宗も従ったことになっていますが、実はその直後から高宗はこの協定は「無効だ」と言い、その趣旨を書いた国書を各国の元首に送ろうとします。高宗はこの闘いを1907年退位させられるまで続けているのです。そういうわけですから、日本が朝鮮を植民地としていた間は、併合条約にいたるすべての協定が法律的には無効だというのが、抵抗の形でした。武器を持って闘った人もいますが、条約が不法無効だというのも闘いの道だったのです。

この問題は1998年に雑誌『世界』で新たに提起され、国際的な論争になりました。提起したのはソウル大学の李泰鎮《イテジン》先生です。李泰鎮先生は、この1905年の第2次協約が無効であると主張[*53]しました。条約の調印には、全権の委任状が必要であり、批准書も必要であるが、どちらも無いので無効であるというのです。併合条約は形をととのえようと準備されたが、なお問題があるという話です。こうなると、併

＊52　**第2次日韓協約**　1905年の11月、日本の特派大使伊藤博文は韓国皇帝に謁見し、保護条約の調印を勧める明治天皇の親書を渡し、保護条約の調印を迫った。伊藤らは、慶運宮内に政府の大臣を集め、強制的に調印させた。第2次日韓協約（乙巳保護条約）の全文は、巻末の資料を参照。

＊53　**李泰鎮先生は……主張**　李泰鎮著『東大生に語った韓国史―韓国植民地支配の合法性を問う』（明石書店、2006年）、笹川紀勝・李泰鎮編著『韓国併合と現代　歴史と国際法からの再検討　国際共同研究』（明石書店、2008年）などを参照。

合条約は不法なものであって、併合は成立していない、併合が成立していないということは強制占領だということであると主張されました。

このような主張を読んで、日本での韓国併合の権威海野福寿先生は、「それは言いすぎではないか」と反論しました。併合は成立しないと言っても、日本は韓国を併合してしまい、いまは植民地支配が終っている状況だ。では条約が合法だったら植民地支配は正当なことになるのか。条約が不法であれ合法であれ、植民地支配は不当じゃないかと。当然謝罪も補償もしなければならない。これが海野さんの意見でした。

しかし、海野さんは付け加えました。歴史家として見てみると手続きは取れているので、第2次協約も併合条約も合法であると言わざるを得ないと。

私は海野さんがそんなことを言う必要は無かったと思います。日本の政府は植民地支配の36年間はずっと併合条約は合法有効だと言ってきたし、さらに1965年には戦後の政府が、併合条約は合法だから何も反省することはないと言って日韓条約*54を結んだのです。今さら誰にとっても併合条約の合法性を認めてくれと言う必要はないのです。李泰鎮さんが不法だと言ったことに対して、海野さんが「これは合法だ」と言う必要はなかったと思います。

＊54　**日韓条約**　1951年から始められた日韓会談から14年後の1965年6月、日本の椎名悦三郎外務大臣と韓国の李東元外務部長官との間で結ばれた条約。韓国併合条約の無効、両国の外交関係の再開、韓国政府を朝鮮の唯一の合法政権であることなどを規定した基本条約と、漁業、請求権・経済協力、在日韓国人の法的地位、文化協力を定めた協定に調印した。

▲朝鮮の各家庭でも強いられた東方遙拝＊

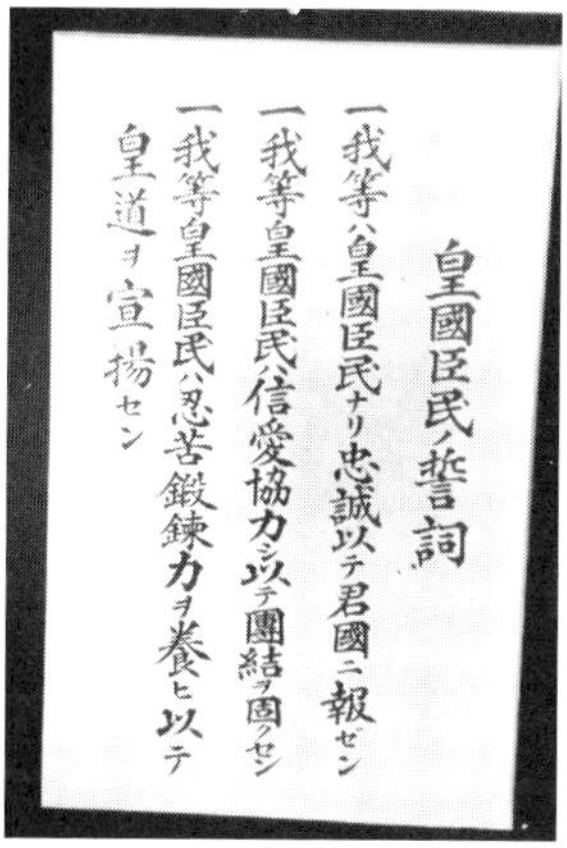

皇國臣民ノ誓詞

一　我等ハ皇國臣民ナリ忠誠以テ君國ニ報ゼン

一　我等皇國臣民ハ信愛協力シ以テ團結ヲ固クセン

一　我等皇國臣民ハ忍苦鍛錬力ヲ養ヒ以テ皇道ヲ宣揚セン

▲皇国臣民の誓詞

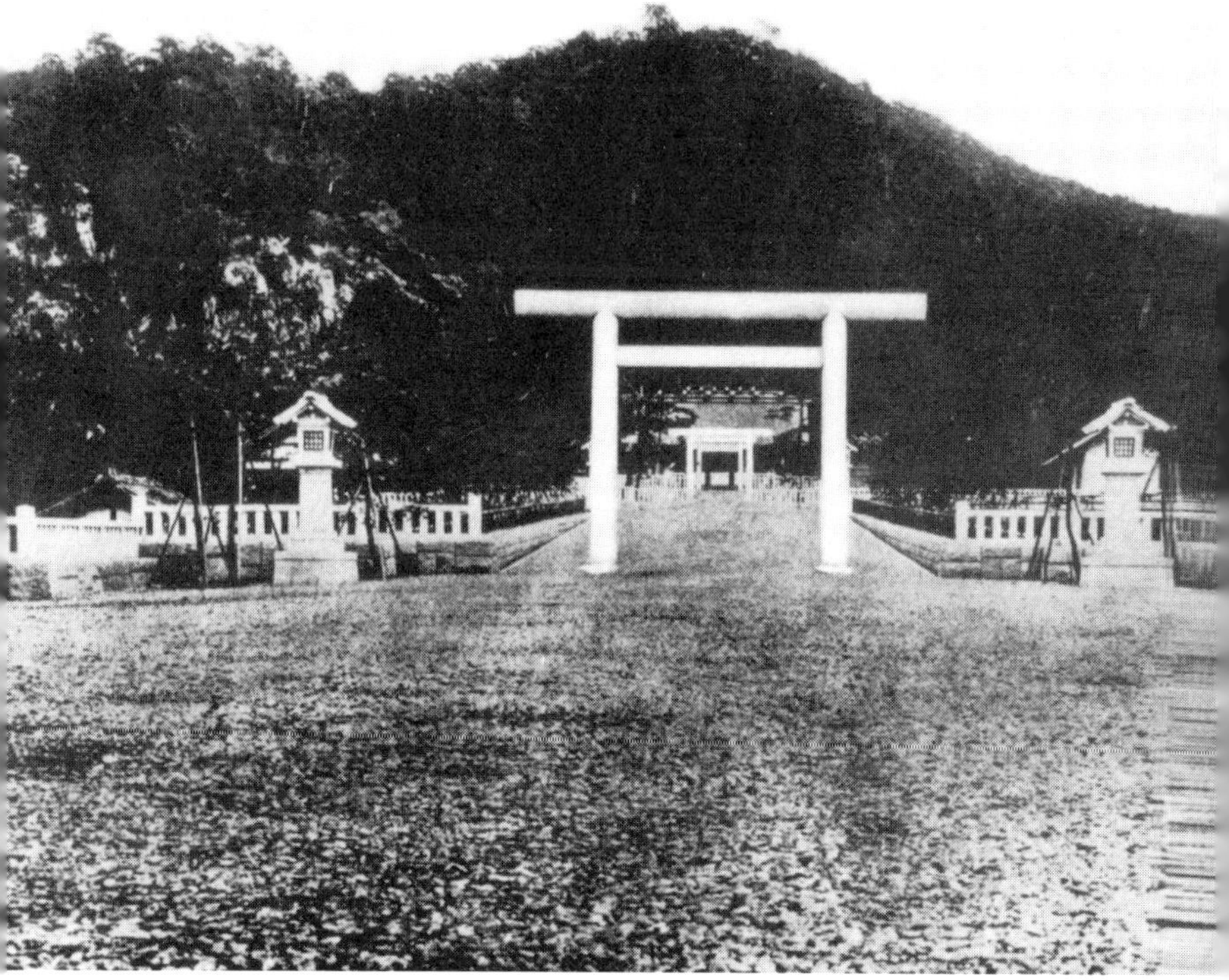

▲ソウル南山の中腹に建てられた官幣大社朝鮮神宮は、皇民化政策の象徴だった＊

韓国人の気持ちにしてみればこんなめちゃくちゃなことがあるか。これは不法であり、不正であり、不義でもある。不当でもあるということです。

2人の意見が分かれたから、それに法律学者も加わって、論争が続きました。「世界」の論争は決着しないわけです。合法論が出るたびに、韓国人はどんどん気分が悪くなっていきました。

この点は橋をかけなければならないと思います。李泰鎮さんと海野さんの意見の対立には橋をかけないといけない。植民地支配を否定する学者がこういうところで争っている場合ではない。それで、私が出した議論は、併合がどういう歴史過程であったかをはっきりと認識するということです。

併合のプロセスが暴力的であって、強制的なものがあったことは、新しい歴史教科書を作る会の教科書も認めている。検定のあとでは認めざるを得なかった。つぎに併合条約の中身を検討することです。条約の1条は、韓国の皇帝が日本の天皇に統治権を譲ると書いています。第2条は、日本の皇帝はこれを受け取り、併合することを承知すると書いてあります。あくまで併合して下さいと言うから、併合してやったんだということになっている。私はこんなことは不届き千万なことだと思います。

この内容は、実際には軍隊の力で、その威嚇と懐柔によってやっているのに、自発的に国権を差し出したということになっている。こんなものは不当である。だから、併合の過程も併合条約も不当なものであるという認識で一致できる。1965年に結ばれた日韓条約は第2条で"null and void"(無効)だと宣言しているのですが、この解釈で、日本と韓国は違っていた。日本は最初は有効であり、1948年に大韓民国が独立したときに併合条約は無効になった、と解釈した。韓国側は、こんな条約は当初から無効であったと解釈した。

今になってみると、日本側の解釈を捨てて韓国側の解釈を取るというのが必要になる。李泰鎮さんもその考え方でよいということになった。

■日帝の植民地支配の不条理

前田 その時、米、中国、ヨーロッパは韓国併合の実際の現実問題をどのように捉えていたのですか。

和田 そうですね。併合条約については米も英も問題にしていないと思います。清朝は辛亥革命[*55]の前夜ですね。翌年、辛亥革命が起きる。ロシアはもちろんおかしいという意見は、民間には強いですけど、すでに1907年、1910年に日露協商[*56]を結んでいて、日本との良好な関

*55 **辛亥革命** 1911年10月に起こった中国の民主主義革命。指導者孫文の唱える三民主義を掲げ中国の武漢の蜂起から始まった戦いは、やがて清朝を倒し、宣統帝を退位に追い込んだ。南京を首都とする中華民国が成立した。

*56 **日露協商** 1907年に、日本の南満州とロシアの北満州支配、日本の韓国保護国化とロシアの外蒙古の権益を相互に認めることを約した秘密協定(第1次日露協約)。1910年には、アメリカの動きに対する満州の現状維持をもった第2次日露協約が結ばれた。さらに1912年には、辛亥革命を受けて、第1次協約の分界線を変更した第3次日露協約が締結された。

係が大事になっている。ハーグ平和会議[*57]に韓国代表が出席して、訴えようとしたのですが、ロシアの外務大臣が、ロシアの代表でもあるネリドフ議長に「会うな」と命令した。時の外務大臣は１９００年に韓国の中立を支持すると言って頑張った駐日公使イズヴォリスキーです。

前田　私は、１９９２年から実は朝鮮人強制連行と強制労働をテーマに「証言集」を作るということで高秀美さんも頑張ってくれて、丸７年をかけて大阪の東方出版で『百萬人の身世打鈴《シンセタリョン》―朝鮮人強制連行・強制労働の「恨《ハン》」[*58]』を完成させた。正直なことを言って古代史や歴史的な民俗学を通してのつながりを模索してきたのだけど、『百萬人の身世打鈴』を取材する中で多くのことを学んだ。ショックだったことは、物理的に人を捕まえて拉致して連れてくるということは、さておいて、一番問題だったことは、韓国が東学の流れを汲んできたように儒教や仏教やあらゆる宗教があって、シャーマニズムがあるわけですが、その朝鮮半島の中でやってきたことは、ソウルの南山の頂上に鉄杭を打ち込み、また、あらゆる村々の入り口にある城隍堂《ソナンダン》だとか宗教上の神聖な土地だとかそういう場所にも鉄杭をうちこんで、韓国人の気を抜こうとした。これは一体日本のどんな考えなのか。それと同時に言葉を奪おうと、大変狂気のように教育勅語[*59]を普及させようとする運動があった。それから韓国の「檀《タン》

＊57　**ハーグ平和会議**
１９０７年６月、オランダのハーグで開かれる万国平和会議に、韓国の皇帝高宗は３人の密使を送り、独立回復を提訴しようとした。しかし、韓国に外交権がないことや日本の妨害などにより、韓国全権委員の会議参加が拒否された（ハーグ密使事件）。統監は韓国皇帝を退位（純宗が即位）に追い込み、韓国軍隊の解散や内政全般にわたる日本の指導権を認めさせた（第３次日韓協約）。

＊58　**『百萬人の身世打鈴』**
……「百萬人の身世打鈴」編集委員編『百萬人の身世打鈴―朝鮮人強制連行・強制労働の「恨」』（東方出版、１９９９年）参照。同タイトルの映画（映像ハヌル、２０００年）は、前田憲二監督作品。

＊59　**教育勅語**
１８９０年発布の、近代

君《グン》神話[60]」に関連する書物をことごとく両班の家から没収して、街の辻々で焼いていく。それは日本のコンプレックスかなと。朝鮮半島には「書《ソ》堂《ダン》」[61]という教育の場があるけれど、その書堂を全部潰して教育統制をしていく。教育勅語を普及させて日本語教育をはじめ創氏改名をしていく。中心になっているのは天皇の写真で、これはあらゆる学校や小中高を問わず天皇の写真を飾り、日本語教育をし、日本の天皇の尊厳を教えていくということがあったが、大変傍若無人で、それが取材を通した中で大変ショックを受けたことです。

高　個人で生きる人生は100年に満たないものなのですが、民族というものは非常に長い年月に積み重ねられた経験が、言葉にならないけれどどこかに生きつづけるものなのかもしれません。日清・日露のときの戦争を和田先生は「朝鮮戦争」と言われました。3・1独立運動[62]も常に民衆が真正面に立って闘いました。「独立宣言」を高らかに謳った指導者たちの多くは腰砕けとなってしまいましたが、その精神は民衆に引き継がれたのだと思います。秀吉の時代からか、それよりずっと以前からなのか、どこかに民衆は自らが立ち上がらなければならないということを経験的に培ってきたという気がします。

だからこそ、日本が朝鮮を植民地にしたときに恐れたのは、その「歴

日本の教育の指導原理を示す勅語。忠・孝などの儒教的道徳思想を基調にしたものであり、家族国家観から天皇制の強化をはかったもの。御真影（天皇の写真）とセットで各学校に配布、奉安殿に安置して学校の儀式などで奉読させた。1948年の国会決議で失効した。

*60 **檀君神話**
高麗時代に、一然（イルヨン）という僧侶が書いた『三國遺事』という史書が文献上の初見とされる韓国・朝鮮の建国神話のひとつ。桓因（帝釈天の別名）の庶子の桓雄が、白頭山（ないしは妙香山）の頂の神壇樹の下に、大勢の部下たちとともに降臨し、人間世界を治めはじめた。虎や熊の人間への化生譚が展開されたのち、桓雄の子（壇君王倹）が平壌を都として朝鮮を建国した、とされる。1908歳で亡くなった壇君は、山に隠れて山の

史の継承」というものだったのではないでしょうか。日本は朝鮮の朝廷に対する恐れよりは、むしろ民衆に対する恐れのようなものをものすごく強く持っているという気がします。それが言葉を奪ったり、民族性を奪ったり、はては名前を奪うというところまでいく。「創氏改名」*63というのは、単に朝鮮風の名前をやめて、日本風にするという形式上の問題にはとどまらない意味をもつものとして日本は考えていた。なぜそういうことをわざわざ強制して行わなければならなかったかということです。姓に象徴される絶対的な意識――血統、をなくして、「イエ」制度の氏を朝鮮人に創らせる。その頂点にあったのが天皇だったわけです。

前田　朝鮮半島の歴史に対する恐れでもあると思う。日本人の根本的なコンプレックスが入り込んでいるから、そういうエキセントリックなことができたのかなと思う。それと天皇の写真をシンボリックに1062か所飾る。儒教的な書堂を1000を超すものを潰している。そして城隍堂を日本式に言えば山神を祀る祠ですね。そこで山神という祭りもあるわけですね。その城隍堂でさえ日本は潰して神社を大変な数作り続けている。これはどうも日本人のコンプレックスからきているという気がしないでもない。

和田　併合後日本は徹底的な憲兵政治をして朝鮮人の抵抗を抑えつけまし

神になった、と伝えられる。壇君の即位は紀元前2333年とされ、壇紀の年号は、西暦と併用されて1961年まで公式に使用されていた。

＊61　**書堂**
朝鮮王朝時代の私塾を指し、日本でいう寺子屋にあたるもの。主に漢籍の素読や習字などが行われ、儒教のなかでも特に朱子学が学ばれた。韓国併合の後も各地に根強く存続したため、朝鮮総督府は近代的な初等教育機関の設立と普及を焦った。

＊62　**3・1独立運動**
1919年の3月1日、高宗の葬儀を契機に、日本の植民地支配に反対し「独立万歳」を叫んで決起した、朝鮮全土にわたる民族独立運動。ソウルのパゴダ（タプッコル）公園で独立宣言が読みあげられ、各地で大規模なデモがくり広げられた。総督府・軍隊・警察による

▲大勢の朝鮮人が強制労働させられた三菱炭坑の軍艦島坑口の跡

▲軍艦島全景

▼長崎原爆朝鮮人犠牲者の碑

た。それが10年続いて、1919年になったら、3・1運動が起こるのです。これは本当に驚くような運動でした。民族代表33人の独立宣言が発表されるのですが、その思想は先ほどの安重根の東洋平和論とも重なってくる。要するに日本が朝鮮の独立を認めないと、中国人が不安になる。日中が対立すれば、東洋全体が共倒れになる。日本は東洋全体を指導する責任を果たすべきだ。そのためには朝鮮の独立を認めなければならない。日本を堂々と説得する言葉で、みんなが支持して立ち上がった。とほうもない力が発揮された。日本は朝鮮人に対して軽侮の念をもって併合を断行したが、10年経ったら、朝鮮人はとほうもない精神力を発揮した。日本の政権は非常に恐れた。恐れたから憲兵政治をやめて、文化統治に変えた。新聞社もつくれ、大学もつくってよいということになった。

高　関東大震災[*64]が1923年9月1日に発生します。これはマグニチュード7・9の巨大地震でした。1919年に朝鮮総督府を震撼させた3・1独立運動のほんとうにまだ記憶が生々しいときに起きた地震でした。このとき「朝鮮人が井戸に毒を投げ入れた」というような流言蜚語がすぐに蔓延しました。よくいわれるのは、自警団を組織した民衆によって朝鮮人が虐殺されたということです。もちろんそれは事実ですが、その

虐殺や暴行など徹底的な弾圧が行われ、鎮圧された。

＊63 **創氏改名**
文化統治＝皇民化政策の柱のひとつとして、1939年に発布された朝鮮総督府令「朝鮮民事令中改正ノ件」で定められ、翌1940年に施行された。朝鮮の戸籍を日本と同一の形式にすることをとおして、朝鮮固有の家族制度を解体化することが狙いだった。ほかに、神社参拝の強要や「皇国臣民の誓詞」の唱和などが、同化政策としてすすめられた。

＊64 **関東大震災**
1923年9月1日に関東地方を襲った、マグニチュード7・9、震度7の大地震。東京・横浜などの大都市を直撃したため、およそ10万人の死者が出たといわれる。2日から3日にかけて、東京と神奈川で戒厳令がしか

陰であまり知られていないのが、流言を広めたのは警察であり、警察も軍隊も虐殺をおこなっていたということです。

　そして、あの事件で何より忘れてならないことは、朝鮮人が何かをしたから殺されたのではなく朝鮮人だから殺されたということです。まさにジェノサイドです。朝鮮人であれば見つけ出し、捕まえたわけですから。これは、朝鮮植民地支配とそれに抗する朝鮮全土で繰り広げられた幅広い民衆たちの3・1独立運動に対する日本国家の恐れがまさに表れたものだと思う。地震が起きてすぐ、翌日には戒厳令が出されています。

前田　私は、山田昭次[*65]先生（立教大学名誉教授）と一緒に群馬や埼玉県の関東の地を廻って、聞いて知っているが、具体的な知り方をしていなかった。山田先生と一緒に廻って濃密な話を聞き、その現場を見てきたとき、もういたたまれないような気持ちになる。その時日本人は何だったのか。日本という国はどういう国だったのかをつきつけられた。私も高さんのような考えを持ちました。

■関東大震災とその後

高　関東大震災から今年で87年経つわけです。日本政府はいまだに当時の虐殺の問題や犠牲者について真相究明をしないままにしている。何一つ

れ、大混乱となった。「朝鮮人暴動」などのデマが流されたため、各所で住民組織の「自警団」による「朝鮮人狩り」が頻発した。震災後わずか1週間の間に、6000人〜7000人の朝鮮人が虐殺されたとされる。

＊65　**山田昭次**
山田昭次著『関東大震災時の朝鮮人虐殺—その国家責任と民衆責任』（創史社、2003年）、『植民地支配・戦争・戦後の責任—朝鮮・中国への視点の模索』（創史社、2005年）など参照。

国として責任をとることをおこなっていません。2003年には日弁連から真相究明するよう日本政府に対して勧告が出ていますが、一切無視したまま現在に至っています。韓国には遺体すら取り戻すこともできないまま、遺骨のない墓を今もなお守り続けている子孫がいます。彼らにとって日本とはどういう国として映っているのかを、少しの想像力をもって考えてみる必要があるのではないでしょうか。殺された人には謝罪しなければいけない。謝罪したからといって、命を取り戻せるわけではありませんが、せめて謝罪をしなければいけません。彼らは明らかに流言蜚語の犠牲者です。今もなお「井戸に毒を投げ入れた」「襲撃をした」そういう汚名を着せられたままなのです。

前田　もうひとつびっくりしたことは、その証言取材をする中でわかったのですが、1930年代、朝鮮国内には警察署と駐在所とそして派出所と出張所を作り続けて、2903か所に警察関連の施設があった。これはどういうことかというと完全な弾圧。上から抑えつけることだけでなく、朝鮮人のものの考え方まで拘束しようとした。一番徹底的にやったことは集会の禁止です。5人以上が集まる会は弾圧した。日本の政府が直接介入して、警察を多く作らなければならない背景は、日本のある種のもろさ、弱さを物語っているのかなと痛切に感じた。日本は力がな

▲ソウルの日本大使館前で賠償責任を求める元慰安婦と支援の人々
——水曜デモ（1999 年）

▲慰安所の入口に掲げられた懸垂幕＊

いから派出所や警察を作り、そして1141社の神社を作る。そこにも当然、天皇の写真を飾るのだけれど、城隍堂の廃止をして山神を祀ることを禁じた。朝鮮全土の65%の土地が日本人の名義に*66なっていく。そのことを深く考えていかなければならない。私はお祭りを研究し、映画にし続けているわけですが、そういう中で、ある家族一族の再会を中心とした茶礼とか祭りを完全に廃止して、その一族が再会することを封じていった事実を知りました。これはどういうことなのか。裏返せば日本の力の無さではないかなと。もっとうまいやり方があったのにもかかわらず、そういう精神的な弾圧を繰り返していることが大変不思議だと感じた。

和田　同化主義ですね。植民地支配のやり方には自由主義というのがある。英国のやり方ですね。同化主義というのは、フランスのやり方ですね。しかし、同化主義にならざるを得なかったという問題が日本人と朝鮮人の関係にはあった。つまり、朝鮮と日本はある意味で言えばアジア的な同質の文化があるなかで、歴史とともに古い国家関係があるなかで、こういう支配関係が入ったことは、やっぱり無理があったということではないでしょうか。そういう無理が、関東大震災の虐殺も生んだのではないかと思います。

*66　**土地が日本人の名義に……**　朝鮮総督府に臨時土地調査局を設け、朝鮮全土の土地所有権の確定や台帳の作成が行われた。1911年の土地収用令、翌12年には土地調査令が公布され、強引に国有地化がすすめられた。朝鮮の農民から土地を強奪した結果、小農民の没落が激しく、仕事を求めて日本へ渡る人も増加した。

ある種のパニック状態に陥ったとき、人々は恐怖にかられて、こういう虐殺に出る例が他にも見られます。しかし、そこに権力を持った者の操縦があったことはまちがいない。そういう力が人間の中にある弱さとかもろさと怯えとかを操って、そういうところに振り向けていくわけですから、日本の国家の責任は大きいと思います。731部隊[*67]のことも政府は認めようとしないが、関東大震災の虐殺の問題もどこかではっきりと責任を認めて、措置をとるべきだと思います。

前田　朝鮮全体で起きた「色服事件[*68]」というのがあるんです。朝鮮では白い色を尊重し、チマ・チョゴリ、パジ・チョゴリといった伝統的衣服があるわけですが、その白い服に墨汁を塗りつける、あるいは投げつける。そういう事件が各地で起きる。つまり、これも裏返せば、日本人のコンプレックスではないかと思う。朝鮮民族の厳かさに対するコンプレックスが日本人にあったのではないかという気がしないでもない。

同時にもう一つ大きな問題として、今につながっている問題としてあえていうのですが、権力を握ろうとする政治家だけでなく、財界人にもそういうものがあった。1900年代からずっと続く。今で言う伽耶地方の古墳を徹底して暴いていく。その橋渡しをしたのは軍であり、警察なんだけど、実際に扱っているのは、財界人が中心である。

＊67　**731部隊**
アジア・太平洋戦争時、大日本帝国陸軍内につくられた細菌戦の研究機関。ハルビン郊外に拠点が置かれた、軍医石井四郎率いる関東軍防疫給水部本部の満州731部隊（通称）を指す。細菌戦の準備と生物兵器開発のため、中国人活動家や捕虜を使って、人体実験や実戦テストを行った。

＊68　**「色服事件」**
白衣を風習として好み、白色を神聖色とする朝鮮の人々は、日本の植民地統治下において、民族の誇りであり象徴である白衣を意識的に着用した。日本の官憲は、白衣が人々の無言の抵抗であるとして、市中に黒い染料を入れた大鍋を置いて、白衣の通行人にヒシャクでかけるなど〝白衣民族抹殺〟の暴挙を行った。

宝探しのごとく韓国の古墳を、大伽耶とか高霊《コリョン》、達城《タルソン》、星州《ソンジュ》、善山《ソンサン》、咸安《ハムアン》、昌寧《チャンリョン》、金泉《キムチョン》、泗川《サチョン》、統営《トンヨン》、東莱《トンネ》、密陽《ミリャン》、大邱《テグ》、陜川《ハプチョン》、梁山《ヤンサン》の古墳をことごとく暴いていて、その財宝をトラックに積み日本に持ってきている。釜山の港から。今はその文化財を返せという要求が韓国から出されているが、一部には返した物もあるが、東大、京大、国立博物館にそれらが入っている。つまり、財界人が、古代の伽耶古墳から宝物を暴くというそういう現実の中から、韓国の先生たちは古代史の研究をしても物的証拠がないという側面がある。

そういう部分も日本人はもう一度植民地下において何をやったのかということを捉え直していかないと、そのまま通過していくのはおかしいと思っている。

和田 財界人とはどういう人ですか。

前田 小倉コレクション*69。小倉という電気会社の社長で、この人がいちばん多く古墳を暴いている。今も小倉コレクションとして東京国立博物館に入っている。そして東京大学博物館、京都大学博物館にも入っています。韓国で近年編纂された「日帝期文化財被害資料」また「対日請求韓国芸術品目録」にはそれらの現状が仔細に記録されています。1940年から1945年には強制連行、強制労働が活発化してくる。

*69 **小倉コレクション** 実業家の小倉武之助（南鮮合同電気社長）が収集した朝鮮半島の文化財は、1981年に財団法人小倉コレクション保存会から東京国立博物館に寄贈された。総点数は、慶尚南道出土の金銀製鬼紋環頭太刀（三国時代・伽耶）、騎馬人物土偶（新羅）など1800点以上にのぼる。なお、1965年の「日韓条約」で定められた文化財〝返還〟点数は、朝鮮陶磁器や書籍など総計およそ1000点に過ぎない。

▲関東大震災直後、瓦礫のなかに横たわる死体と見回りの自警団＊

▲関東大震災の犠牲者たちの遺体＊

日本政府は慰安婦[*70]はいなかったという捉え方をしていたが、1993年に旧日本軍が慰安所を設定し監督していたことを認めた。「軍慰安所従業婦等募集に関する件」という1938年3月4日付けなのですが、これを防衛庁の防衛図書館で吉見義明氏が発見して、そして慰安所があったことを認める。それによって1996年に国連小委員会のクマラスワミ報告[*71]がありまして、それとマクドゥーガル報告[*72]が発表される。その付属文書として「第二次世界大戦中に設置された慰安所に対する日本政府の法的責任の分析」。その中に日本政府が1932年から1945年に20万人を超える女性を、アジア全体に存在した強姦所で強制的に性奴隷にしたというふうな紹介がある。これによって、日本に対する非難がヨーロッパをはじめアメリカからも大変痛烈に起こっているわけです。だから、植民地化のなかで第二次大戦を迎え、強制連行と拉致を繰り返し、同時に強制労働をさせた。そして東アジアの各地に慰安所を設け女性たちを送り出した。これは大変大きな問題です。つい最近のことです。目を向け忘れてはならないと思う。

高さん、私たちは慰安婦の方々を追跡調査してそして取材しましたね。ソウルでもその人たちの声を聞き、それから北朝鮮から日本へやってきた人からも話を聞こうとした。韓国に行って取材する中で本当に考えら

＊70　**慰安婦**
アジア・太平洋戦争中、朝鮮・中国・フィリピンなどアジアの女性たちは、さまざまな形で、各地につくられた日本軍相手の「慰安所」で過酷な性的奉仕を強いられ、苦しめられた。1991年には韓国の金学順さんら、1993年には在日の宋神道さんが公然と「元従軍慰安婦」であることを名のり、日本（国）に対して謝罪や補償を求める裁判を起こし、国内外の戦後補償問題の世論を大きく喚起した。

＊71　**クマラスワミ報告書**
1996年、国連人権委員会に提出された報告書。慰安婦制度が国際法違反の軍事的性奴隷制であると指摘し、日本政府は女性の人権擁護と賠償を行うべきだとした。

＊72　**マクドゥーガル報告書**
1998年、国連人権委

れない現実を知ることができました。一番驚いたのはもう１００歳に近い宋神道さん、その人に取材したときは本当に驚いたわけです。

■強制連行・労働の暴虐

高　私が朝鮮人慰安婦の存在を知ったのは１９７０年代末だったと記憶しています。たまたま「アジアの女たちの会」*73が主催する集会に参加して、そこで知ったのだと思います。そのとき慄然としたことを今もはっきりと覚えています。こんなひどいことがあったにもかかわらず、被害者が名乗り出てくることはないだろう、そしてこういった事実は語られないまま埋もれていくのだろうと思いました。それでもやむを得ないと思ったのです。なぜなら彼女らは被害者でありながら、女であるがゆえに、守られるべき同胞の共同社会からも「日本軍慰安婦」であったという、ただそのことをもって受け入れられないであろうことを直感したからです。絶対的な被害者であるにもかかわらず、そのことを一人墓場まで抱えていくしかないだろうと思ったとき、とてつもない無力感を覚えました。被害者に「語ってください」という勇気すら、私にはありませんでした。

ところが、１９９０年代のはじめ、韓国で金学順さんが初めて実名

員会差別防止・少数者保護委員会に提出された報告書。その付属文書では、日本軍の慰安所は性奴隷制度であり、女性の人権を著しく侵害する戦争犯罪であると明確に定義した。さらに、責任者の処罰と被害者への補償を日本政府に求めた。

＊73　**アジアの女たちの会**　１９７７年3月1日（「朝鮮の女たちが、日本の支配に抵抗し生命をかけた三一独立運動の記念すべきこの日…」＝「アジアと女性解放・私たちの宣言」文より）に、日本人男性による買春観光反対を契機にアジアの女性たちに連帯して、アジアへの軍事的・経済的侵略に加担しない女性解放の運動をめざしてたちあげられた活動組織。アジア女性資料センターの前身。

で証言をした。長い沈黙を破って証言をするまでにどれほどの逡巡があったのか、そして実際に証言をしていく中で、どれほどの苦しみを味わわされたのか、本当のところを私は想像するほかありません。そして彼女が最後まで毅然とした姿を私たちに示してくれたことによって、むしろ救われたのは私たちでした。私たちのために、とてつもない勇気を持って、二度と同じ歴史を繰り返させないために一番辛い前面に立ってくれているのだということを意識しないではいられません。

ただ現在、日本政府はそのことについて謝罪するという形に動いたのにもかかわらず、最近の歴史の教科書では日本軍慰安婦の問題に触れなくなってきている。またさらに、彼女たちは軍慰安婦ではなくて、金をもらってやった売春婦だろうという風潮がまた作り出されようとしています。そのことをどう考えるか。なぜいつまで経っても一番の被害者だけが苦しみ続けなければいけないのでしょうか。

関東大震災の問題もそうですが、被害者が救われることにおいて何より重要なのは、加害者（国）が事実を認め、謝罪することだと思うのです。決してとりもどすこともできないわけです、命も青春も。木下順二[*74]の戯曲にあった言葉ですが、「とり返しのつかないことを、どうしてもとり返すために」は、加害者の謝罪によって彼らの名誉が回復されなけ

＊74　**木下順二**
木下順二作『子午線の祀り・沖縄―他一篇』（岩波文庫、木下順二戯曲選、1991年）参照。

ればならない。もちろん、それでも「とり返しのつかない」ことであることに変わりはないのですが。

前田　僕の体験で話すと、1986年ぐらい、釜山に行ったとき大きなデモに遭遇したわけです。警察が投げる催涙弾がやたらと打ち込まれる。数はわからないけれど、僕たちが巻き込まれまして、ちょっと撮影した。先頭に立っているのはハルモニ。ハルモニが先頭に立ってその後ろに立っているのはタクシーの運転手。その後ろに学生。戦術的に女性を前に置くことによって弾圧されない。そういう構えで女性たちが必死の形相で叫びながら訴える反対デモ。女性のエネルギーを強く感じた。それと同時に『百萬人の身世打鈴』で慰安婦の方たちを取材したときは、なんとあっけらかんと強く生きぬいてきたのかと思った。女性から学ぶことが多かった。

和田　慰安婦問題は話せば長い歴史があります。最初から日本でも朝鮮でも慰安婦のことが言われた時、女子挺身隊[*75]と結びつけて語られました。女子挺身隊に動員されると、慰安婦にされてしまうといううわさが戦争の当時朝鮮の中で流れていて、植民地当局はこれを「流言蜚語」だと言って、強く否定しなければならなかったのです。だが、否定すれば否定するだけかえって、人々は確信を深めてしまうということがありました。それ

＊75　**女子挺身隊**　侵略戦争の泥沼化で男性労働力が不足し、それを補うため女性たちを戦時動員した組織。1943年5月の女子勤労報国隊からはじまり、同年9月から14～25歳の未婚女性がすべて加盟して、各地の工場へ送り込まれた。翌1944年8月には女子挺身勤労令が発布されて、全員が工場に配置された。

で、戦後の日本でも長い間慰安婦問題は女子挺身隊の問題だと考えられていたと思います。

私がこの問題を認識したのは60年代の半ばくらいでした。しかし、当事者が名乗り出て証言するようなことはありえない、あまりに悲惨なことで、植民地支配のもっとも残酷な面を表しているけれど、それはエピソードであって、当事者は歴史の中に消えている印象でした。

それが80年代の終わりに韓国が民主化して、女性に対する考え方が代わり、女性たちががんばって声をあげるようになった。これが大きな転換で、慰安婦問題が大きく取り上げられ、ついに被害当事者の金学順さんが名乗り出て、告発するということになりました。そうなると、日本政府は調査をおこなって、河野官房長官談話[*76]で日本軍の関与を認めて謝罪するところまでいきました。日本の国家は、関東大震災の虐殺も認めていないし、731部隊も認めていない、何も認めない国家ですが、このときはそうせざるをえなくなった。それは、大きな時代の変化と女性の力が大きかったからです。それに対して抵抗する反動的な動きもありましたが、「河野談話」は政府の方針として守り抜かれてきました。安倍首相がこれを修正廃棄しようと試みましたが、逆に安倍氏が政権を投げ出さざるを得なくなりました。もはや「河野談話」に挑戦すること

＊76 **河野官房長官談話** 1993年8月4日、日本政府が「慰安婦問題に関する第2次調査報告結果」を公表し、それについて内閣官房長官の河野洋平が、旧日本軍の強制連行を認める談話を発表した。それによれば、慰安所設置に旧軍が関与し、慰安婦の募集も本人の意思に反して集められた事例が多かった、また官憲が直接加担したこともあったとされ、「心からお詫びと反省の気持ちを申し上げる」と謝罪した。

◀3・1独立運動でソウルの街中をうねる女子学生たちのデモ＊

▼ソウルの中心・鍾路の紀念碑殿に集まった3・1運動参加の市民たち＊

ができなくなったのです。

逆に、この問題を巡っては論議が過激化する、誇張されるという面もありました。恐縮ですが、監督が言われたマクドゥーガル報告は誇張の産物です。クマラスワミ報告は日本に来て聞き取りもしたし、北朝鮮でも調査をしたので、ある程度しっかりした報告です。マクドゥーガルさんの報告は、雑なものでした。慰安所は「レイプ・センター」と規定され、全アジアの「レイプ・センター」で20万人以上の女性が「性奴隷」にされており、その4分の3は殺されたと述べています。その数字の根拠は公明党の女性議員の話なのですが、そのもとは、自由民主党の国会議員荒船清十郎氏です。彼は秩父の出身で、自分の選挙区の支持者の集会で1965年11月20日に話をして。朝鮮の慰安婦14万2000人が死んでいる、「日本の軍人がやり殺してしまったのだ」と言ったのです。それをひそかに共産党の人がもぐりこんでいて、メモか、録音かとってきた。それを赤旗の編集長だった吉岡吉典氏に報告した。吉岡氏もそれを直接赤旗に載せたらあぶないというので、載せずに、この話をリークした。最初にそのことを「現代の眼」に書いたのは金一勉氏[*77]です。荒船氏の発言はまったく根拠なしの放言、でまかせです。私は、マクドゥーガル報告は数字の根拠を検証せずに書いていると批判を書いたことがあ

＊77 **金一勉**
金一勉著『天皇の軍隊と朝鮮人慰安婦』（三一書房、1976年）、『軍隊慰安婦—戦争と人間の記録』（編著、現代史出版会、1977年）などを参照。

＊78 **ボスニアで起こった……**
2001年2月、オランダのハーグで開かれていた旧ユーゴスラビア戦争国際法廷で、ボスニア紛争中の1992年、イスラム教徒の女性（約70人を監禁）に対する組織的な集団レイプを指揮・実行した元司令官らに対して、「人道に対する罪」で禁固刑28～12年の有罪判決が下された。なお、ボスニア紛争期間中の、セルビア人によるイスラム教徒女性へのレイプの被害者は、およそ2万人にのぼると言われている。

ります。

　それから、「レイプ・センター」という規定も問題です。ひと口で「慰安婦」といっても、いろいろなあり方があるのです。ボスニアで起こったような「レイプ・センター」*[78]的なものもありますし、そこまでいかなくても、前線で拉致してきて、監禁しておいて、強制的にさせたケースもあります。他方で、いわゆる身売りをして出かけていって、そういう仕事をしなければならないというケースもあるのです。すべてを一色でみてはいけないと思います。

　しかし、にもかかわらず、総体的に見た時に、これは非常に深刻な問題であり、被害女性の意思に反して暴力ないし詐欺によって将兵に対する性奉仕を強いていたことは確かなのです。そういう問題であったことについて、日本政府は認識し、反省謝罪を表明した。問題はそれに対して、どう対処をするか、どういう償いをするかということが、被害者もふくめて、みんなが納得するようになされていないことです。

　1995年に政府はアジア女性基金*[79]をつくって、2007年まで活動した。韓国では少なくない人々が基金の事業を受けとめたが、認定被害者の半分以上の人が基金の事業を受け取らなかったと言われています。いまだに日本大使館の前で水曜デモ*[80]が続いている。慰安婦問題は解

＊79　**アジア女性基金**
財団法人 女性のためのアジア平和国民基金。元「慰安婦」に対する補償（償い事業）などを目的として、1995年7月、総理府と外務省の管轄下で発足した。2005年の1月、総理大臣の「お詫びの手紙」と国民募金から「償い金」および政府資金による医療福祉支援がフィリピン・韓国・台湾の元「慰安婦」の人たち285人に届けられたことが発表された。2007年3月、インドネシアの高齢者社会福祉事業が終了するのを待って、解散した。この事業に対する評価は、当事者や支援者、市民たちの間には賛否両論がある。

＊80　**水曜デモ**
1991年にはじまった日本政府への戦後補償＝いわゆる慰安婦裁判を契機に、1992年の年初から元従軍慰安婦らで組織される「韓国挺身隊問

決されたと言えないのです。ですから、今後どういうふうにして問題解決を進めていくのか考えなくてはならないのです。

不人情きわまる日本国家の歴史でみると、国家が責任を認めて、謝罪する総理大臣の手紙を被害者本人に送って、あわせて償いの行為をしようとしたことは、初めてでした。これをもっと前進させていくことが重要でした。一方では右翼的な人々が、ワシントンポストに広告を載せて、慰安婦とは「売春婦」だったのだと公言して、恥をさらしているのですから、そういうことを抑え込んでいくためにも政府国民の立場での努力が必要だと思います。

教科書には1996年には慰安婦についての記述がワッと出ましたが、そのあと批判されて、引っ込んでしまっています。このへんは教科書執筆者の問題でもあります。しっかりとした判断をもって、簡単に後退しないような、突っこまれないような文章を書かなければなりません。慰安婦の問題だけを取り出して議論するのではなく、植民地支配全体、植民地支配がもたらした被害の総体を問題にして、他にもどのような被害が出ているのかとの関連で、慰安婦のことをどのように書くかを考えていくべきでしょう。

題対策協議会」（略称・挺隊協）が中心となって、ソウルの日本大使館の前で、日本軍の慰安婦問題の解決を求めておこなわれている定期水曜デモ。

■戦後責任と「共生」の未来

前田　強制連行、強制労働の中にリンクして慰安婦問題を考えていかなければならない。いま、100年前の歴史はそれだけでなくて、秀吉から考えてもよいのだが、もっと古代からさかのぼって連なってきている部分。それに日本人がどう悶着し、どういう疑問を投じ、どういう強要を行ったか。実に綾になって編まれている。その延長線上に、つまり、併合100年という問題があったのだろうと思う。

最後に1945年日本は敗戦を迎える。その時点で在日朝鮮人が220万人日本にいたわけです。そして、1947年末における外国人登録[*81]をした在日朝鮮人が59万8507名。つまり、60万人近い朝鮮人が日本在住を選んだ。これは、どういう意味があるのか。法務省研修編の「在日朝鮮人処遇と現状」という小冊子がある。在日朝鮮人が次々と帰国する中で、残った場合の理由を3つに分析している。そのひとつは政治情勢の混沌と経済的な圧迫、日本から祖国への持ち帰り金は、1人1000円以内という現実がある。もうひとつは、荷物は250ポンドに制限するという形がある。帰りたくても帰れない人々が圧倒的多数を占めているわけです。

＊81　**外国人登録**　1947年5月2日に、勅令207号（最後の勅令）として外国人登録令が公布・施行された。そこでは「台湾人のうち内務大臣の定める者及び朝鮮人は、この勅令の適用については、当分の間、これを外国人とみなす」と規定された。その後は、登録証の常時携帯義務などがもられた1952年制定の外国人登録法による「管理」となった。

和田　日本の国家は植民地支配の最後の段階で、皇民化政策をとって朝鮮人に天皇の臣民として生きることを求めました。そうである限りは同等の待遇をする、「一視同仁《いっしどうじん》」だと言ったわけです。1億の赤子《せきし》の4分の1にあたる2500万人は朝鮮人です。朝鮮人も1億の赤子を構成するとして、あの戦争を共に戦うように強いたのです。いろいろな理由で、日本には200万人以上の朝鮮人が渡ってきていました。日本が敗北して朝鮮が独立するとなった瞬間に、この人々をどのように処遇するかが大きな問題になりました。しかし、それに対する方針がないわけです。一人一人の人間としてみると、日本に残り、日本国籍をとるという選択もある。結婚しているとか自分の商売の問題もあるとか、いろいろあって個人の選択としては帰国しないという選択も当然あるのです。そういう時に、残る人に対してしかるべく待遇をすることが考えられていなくて、もうあなたは日本人ではないと、パッと切ってしまったのです。果ては、吉田首相のように「やっかいものである」から「追放したい」と、マッカーサーに掛け合った首相もいた。そんな理不尽なことが戦後にも続けられたのです。

それで、戦争に負けた日本人がクシュンとなっている時、朝鮮人は独立だと喜んでいる。白い服も着るようになったし、歌も歌うし、朝鮮語を話すようになるわけだ。途方にくれている日本人は自分たちが笑われている、馬鹿にされているという気になってしまった。そういう感情が起こってきたとき、この問題をどのように乗り越えるか、道を示す知識人の役割がなければならなかった。だが、その時日本人と朝鮮人はこれからいかに共に生きていくべきか提言する人がいなかった。矢内原忠雄*82という植民地政策の専門家がいたのですし、この人は戦後日本のイデオローグのひとりであったのですが、彼からは何も出てこなかった。それで戦後はひどい結果になったと思う。

前田　NHKが4月から5話の朝鮮問題を扱って、6月には「朝鮮人強制連行、強制労働」をテーマにスペシャル番組が作られる。東アジアの中でどういうふうなうねりがあって、併合100年が存在したかと。

今、現在、在日の人たちは参政権もないという現実がある。そのことの中で、日本人はこれからひとつの日本的あるいは、東アジア的哲学をしっかりと持って生きていかないと存続しないんじゃないかと。つまり、ますます日本人は自信をなくしてゆくのではないか？　過去にどんなことがあったか、もう一度過去を捉え直すことで、現代を見て、そして、これからどういうふうに生きるのかということを考えていく必要があると思います。

＊82　**矢内原忠雄**　1893〜1961年。愛媛県出身、経済学者・植民政策学者。東大で前任教授の新渡戸稲造の学風を継いだといわれる。『帝国主義下の台湾』などの著作は多くの読者を得た。キリスト教信仰にもとづく平和主義の言論に対する抑圧は、日中戦争開始のころ強まり、大学を追われるなどした。敗戦後は東大に復帰し、1951年には総長に選出された。

それと日本ではいまブームをよんでいますが「坂の上の雲」という司馬遼太郎のひとつのものの考え方、出世街道ですね。それは東アジアへの侵略へというイメージが内側にある。そういう問題だから今、坂本竜馬がとりあげられる。そういうことの中で日本人はこぞってチャンネルをそれらに合わせていく、という現実がある。こういった社会の動向の中で私たちは何を選択して生きていくべきかということを、より深く過去を見つめることによって捉え直していく自覚が必要だと考えます。

II
韓国併合100年の現在《いま》

和田春樹
韓国併合100年と日本人の課題

高 秀 美
1枚の写真から見えてくること

前田憲二
土足と鞭—韓国併合100年の内実

義兵闘争は朝鮮全土に広がった＊

韓国併合100年と日本人の課題

和田 春樹

1 100年前に何が起こったのか

日露戦争に優勢勝ちを占めた日本はポーツマス条約でロシアに大韓帝国を日本の保護国とすることを認めさせた。ただちに伊藤博文がソウルに乗り込んで、威嚇と懐柔によって外交権を日本に譲る条約に調印させた。伊藤はそのまま統監となり、大韓帝国を指揮しはじめた。1907年皇帝高宗がハーグの万国平和会議に使節を送り、日本の不当なやり方を訴えさせようとすると、伊藤は激怒して、高宗を退位させ、病弱な純宗にとりかえた。新たな協定に調印させ、内政の指揮権も掌握した。その上、軍隊を解散させると、義兵闘争が起こった。1909年7月閣議決定で併合断行が決定された。

こののちは、併合はいつ実行するかという問題となった。統監を辞任した伊藤は10月安重根に射殺され、その安重根が翌1910年3月処刑された。安重根は未完の原稿『東洋平和論』をのこした。

7月、第2次日露協約が締結された。ロシアは最終的に日本の韓国併合に承認をあたえたのである。

5月に韓国統監兼務を命じられていた寺内正毅陸相がこのロシアとの合意を待っていたかのように、東京を出発、7月23日仁川に上陸した。彼は2日後皇帝に挨拶したが、その後は統監邸を出ず、不気味な待機の姿勢をみせていた。ついに、8月16日寺内は、李完用首相と会談し、併合の意志を伝え、韓国皇帝が「自ラ進ンデ」統治権譲与の条約を締結するように求める覚書を渡した。

翌17日、李首相が、国号と王称が維持されるなら、条約締結のために努力すると回答すると、寺内は、条約案を送付した。18日の韓国閣議には首相も欠席し、意見はまとまらなかった。しかし、寺内は問題にすることなく、22日に条約調印をおこなうことを決定し、東京に報告した。

22日当日は朝のうちに寺内は曖昧な意見の2名と話し、統治権の日本「譲与ニ決シタリ」という内容の全権委任の勅書案を渡した。午後2時の御前会議では、純宗は、寺内から渡された全権委任勅書に署名した。そして、午後四時、寺内は李首相とともに寺内の作成した条約に署名した。併合条約前文には、日本と韓国の皇帝が「相互ノ幸福」と「東洋ノ平和」の永久確保のために、「韓国ヲ日本帝国ニ併合スルニ如カザル」と確信して、本条約を結ぶと書かれていた。第一条には、「韓国皇帝陛下ハ韓国全部ニ関スル一切ノ統治権ヲ完全且永久ニ日本国皇帝陛下ニ譲与ス」とあり、第二条には「日本国皇帝陛下ハ前条ニ掲ケタル譲与ヲ受諾シ且全然韓国ヲ日本帝国ニ併合スルコトヲ承諾ス」とあった。

日本は長期間にわたる侵略と支配、軍隊の駐留と統監の指揮によって大韓帝国の統治権をすでにほぼ完全に掌握していたのであり、併合の手続きを、大韓帝国側の自発的な意志、対等な合意による条約の締結という形で化粧したのであった。

1週間後の8月29日、両国官報で併合条約が公表されるとともに、天皇の詔書と日本政府の宣言書が発表された。併合条約と宣言書は各国政府に通知された。天皇の詔書は、韓国を「帝国ノ保護ノ下ニ置キ」、さまざまに努力をしてきたが、「韓国ノ現制ハ尚未ダ治安ノ保持ヲ完スルニ足ラズ」、「革新ヲ現制ニ加フルノ避ク可ラザルコト」は明らかだとして、次のように宣言した。「朕ハ韓国皇帝陛下ト與ニ、此ノ事態ニ鑑ミ、韓国ヲ挙テ日本帝国ニ併合シ、以テ時勢ノ要求ニ応ズルノ已ムヲ得ザルモノアルヲ念《オモ》ヒ、茲ニ永久ニ韓国ヲ帝国ニ併合スルコトトナセリ」。これはまぎれもない大韓帝国併合の宣言である。この宣言により、大韓帝国はこの地上から抹殺され、全朝鮮半島が日本の植民地となったのである。

併合は民族の意志に反して強制された行為であり、それを合意と偽った併合条約は前文も本文も欺瞞、不義不正の作文であった。

2　100年をへた日本と朝鮮半島

100年前、日本が併合した大韓帝国は統一国家だった。植民地支配がおわった1945年8月15日に、朝鮮半島はアメリカの提案で、米ソで分割占領され、1948年には敵対する2つの分断国家、大韓民国と朝鮮民主主義人民共和国となってしまった。両国は朝鮮戦争ではそれぞれ武力統一をこころみて、失敗し、停戦状態のまま今日にいたっている。100年前の統一独立国家はいまだ再建されていないのである。

日本は大韓民国とは1965年に日韓条約を結んだ。植民地支配を整理清算し、国交を樹立した。しかし、日本は植民地支配は「対等の立場で、また自由意思で結ばれた」条約に基づくものだとし、謝罪も補償も拒否した。併合条約が"already null and void"だと宣言した条約第2条については両国の解釈が分かれた。韓国側は、「過去日本の侵略主義の所産」である不義不当な併合条約は当初より不法無効であると解釈したが、日本側は、併合条約はずっと有効であり、1948年大韓民国成立をもって無効となったと解釈し、「もはや無効」と日本語訳した。無償3億ドル、有償2億ドル、民間借款3億ドルの経済協力が行われたが、日本側は、これは「独立祝賀金」といった性格のものだと説明した。韓国国民の中には強い批判が生じ、不満がのこった。

1995年8月、戦後50年にあたり、村山富市総理は総理談話を出し、「植民地支配」がもたらした「多大の損害と苦痛」に対して、「痛切な反省の意」、「心からのおわびの気持ち」を表明した。この表明は、1998年日韓共同宣言で日韓両国首脳により確認された。

朝鮮民主主義人民共和国とは、日本は長く交渉をもたなかったが、1991年国交交渉が開始された。しかし、交渉はいくども、しかも多年にわたり中断され、ようやく2002年9月にいたり、日朝首脳会談によって、日朝平壌宣言が出された。村山談話により植民地支配のもたらした損害と苦痛に対する反省謝罪が表明され、それに基づく経済協力が約束された。しかし、2002年のうちに交渉は断絶された。2年後ふたたび小泉首相が訪朝し、打開をはかったが、それも2004年のうちに交渉は断絶された。

2006年北朝鮮の核実験に対して日本は独自制裁を開始し、2009年の再度の核実験に対して日本は制裁を極大化した。いまや輸出も輸入も完全に遮断され、北朝鮮の船舶の日本寄港は完全に禁止されている。植民地支配の整理清算が果たされないまま、国交はなく、一切の物資と人の往来もほとんど遮断されているのである。日朝関係は二重に異常な関係だといえよう。日本は全世界の193か国と国交をもつのに、ただ一つ、懸案のあるこの隣国とは国交がないのである。

現在は本年韓国の哨戒艦「天安」が沈没した事件が北朝鮮の魚雷攻撃によるものだと発表されたのをうけて、日本政府はこれに対して、いち早く独自制裁を決定した。このたびは北朝鮮への渡航者に10万円の持ち出しから登録制にするとの制限をくわえたのである。これ以上の制裁はできないところにまで、進められているのである。

3　日韓関係にのこる課題

韓国併合100年にこのような状況が日本と朝鮮半島の人々との間にあるとすれば、果たされるべき課題がわれわれの眼前にいくつか存在する。まず日韓関係にのこる課題を考えよう。

まず日韓間において、1995年の村山総理談話からさらに前進して、併合過程と併合条約に関する共通の歴史認識を確立することが必要である。1965年の日韓基本条約第2条の解釈の分裂を克服することが必要だと言ってもいい。この点では、2010年5月10日、東京とソウルで、韓国併合100年日韓知識人共同声明が発表されたことが重要である。声明は、「韓国併合にいたる過程が不義不当であると同様に、韓国併合条約も不義不当である」とし、さらに分裂してきた日韓条約第2条の解釈を統一する、「併合条約は元来不義不当なものであったという意味において、当初より null and void であるとする韓国側の解釈が共通に受け入れられるべきである」と主張している。この声明には当初日韓それぞれ100名ほどが署名したが、のち7月28日時点まではそれぞれ500名以上が署名した。この声明へ韓国知識人は積極的に参加し、記者会見の報道も熱狂的であって、韓国国民の支持がよせられた。新しい認識をもりこんだ菅直人総理談話をもとめる力が韓国で高まった。

2010年8月10日、菅総理は閣議決定にもとづいて、併合100年にあたっての総理談話を発表した。談話は、村山談話を再確認するとともに、「政治的・軍事的背景の下、当時の韓国の人々は、その意に反して行われた植民地支配によって、国と文化を奪われ、民族の誇りを深く傷つけられました」と述べて、併合の強制性をはじめて確認したのである。これは重要な前進であった。

だが、菅総理談話では、知識人共同声明が主張した3点のうち、第1点、併合が民族の意思に反して力で強行されたという点は認めたが、併合条約の評価もなく、日韓条約第2条の解釈の変更についても触れなかったのである。

これからは、第2ラウンドの闘いとなる。2010年秋に開かれる国会で、議員質問を通じて、併合の強制性を認めたのなら、併合条約の内容は不義不当なものと認めるべきではないか。日韓条約第2条の日本側解釈はもはや維持できないのではないか。とすれば元来併合条約は null and void だとする韓国側解釈をうけいれて、それで統一すべきではないかという点を問いただし、菅総理談話を改善するための努力がなされる必要がある。

韓国側の解釈を2010年の時点で受け入れても、日韓条約の内容と実施結果が変わるわけではない。ただし、なされた経済協力は植民地支配に対する反省と謝罪の気持ちがこめられたものであったと説明し直すことが必要になるだけである。もとより日韓条約に批判的であった韓国国民にとっては、そのような説明の変更で問題の解決とはならない。日本はこのさい、残された被害者への償い措置に積極的な努力を払うべきである。

韓国政府は、日韓条約でえた経済協力の中から請求権を放棄させた被害者に対して措置をとる道義的責任を担っているとの判断から、強制動員労働者問題に特別法をつくり、とりくみはじめている。2008年10月30日韓国政府は、強制動員労働者のうち死者の遺族に対して慰労金給付（2千万ウォン、約140万円）225件、生存者への年間医療支援金（80万ウォン、約5万6千円）511件を決定した。その後手続きが進み、2009年1月までには約3万5千人のうち7千人が支給を受けている（毎日新聞、2009年1月6日）。今日ではさらに多くの人々が認定をうけ、支給をうけているだろう。それは韓国政府に膨大な支出となっている。

このことが日本では報道されること自体が少なかった。日本政府も国民もいまだに見て見ぬ振りをしている。日韓条約からすれば、日本国家にはいかなる法的責任もないということになるのだろう。しかし、それはあまりに不人情であろう。韓国に対する経済協力が反省と謝罪に基づくものだと説明しなおしたところで、それだけでは、韓国国民の理解がえられるはずはない。はじまった韓国政府の努力に日本側はこたえるべきである。それには政府、企業、市民の基金をつくって、韓国側の努力を補う日本側の努力をなすのがよいと思う。

慰安婦問題はいまだ解決されたとはいえない状態にある。日本政府のアジア女性基金の活動はすでに幕をおろしているが、韓国の被害者の過半の人々は首相の謝罪の手紙も基金からの償い措置もうけとらなかった。そして今日ソウルの日本大使館の前で〝水曜デモ〟が続いている。強制動員労働者のための基金ができるものなら、その関連で、慰安婦であった人々への追加的措置が考えられなければならない。

4　日朝国交正常化の課題

北朝鮮との間では、日朝国交正常化への決定的な前進を果たすことが併合１００年を機としてなされなければならない。

昨年政権交代によって成立した鳩山内閣は対北朝鮮政策でも大きな転換を果たすものと期待されたが、実際に示された姿勢は完全に待機のそれであった。鳩山首相は柳に風の姿勢であり、明確な方針をしめさなかった。岡田外相は内閣発足時の記者会見で従来の自民党政府の方針を当面継続するとの方針を述べるに留まり、以後それから一歩も出なかった。だが、この内閣で拉致問題大臣となった中井洽氏は従来の政府の方針は生ぬるい、制裁をもっと強化せよという主張の持ち主であった。中井大臣は、北朝鮮女子サッカー・チームの入国を阻み、朝鮮学校の高校生に対する高校無償化措置の適用除外を実現させるなどの不当な動きを繰り返した。彼のもとで、拉致問題対策本部は改造され、予算は6億円から12億円に倍増されるにいたった。その予算は、北朝鮮からの亡命者黄長燁《ファンジャンヨプ》氏を日本に招くのに使われ、大韓航空機爆破事件の実行犯金賢姫《キムヒョンヒ》氏を招くのに使われている。また拉致被害者家族会の代表がモンゴルを訪問し、モンゴル政府に要請することにも使われている。すべて拉致問題の解決にはいささかも貢献せず、北朝鮮についてのネガティヴ・キャンペーンを展開しているにすぎない。

つまり鳩山内閣のもとでは日朝関係は自民党政権よりも悪化したということである。鳩山首相が退陣して、菅直人首相が出現したが、閣僚はすべて留任し、対北朝鮮政策はまったく変わらなかった。9月17日に成立した菅改造内閣は、事態を真剣に検討し、根本的な政策転換をはからなければならない。

現在とられているような政策では、日本と北朝鮮の間にある問題は、拉致問題にせよ、核ミサイル問題にせよ、まったく改善されないことを確認しなければならない。日本は憲法9条で、国際紛争を武力による威嚇、または武力の行使によって解決する道を完全に放棄した国家である。北朝鮮との間にある懸案、核ミサイル問題、拉致問題はすべて、外交交渉を通じて、解決しなければならないのである。だとすれば、現在のように国交がなく、いかなる往来もない状態では、問題の解決はできない。北朝鮮との問題解決のためには、無条件で国交樹立をして、外交交渉をはじめなければならないのである。

まず、菅総理談話に含まれている新しい認識、併合の強制性の認識を北朝鮮に伝える特使が派遣されねばならない。それを契機として、日朝交渉打開の道をさぐり、最低福田内閣の政策にもどることが必要である。こちら側から交渉を求め、制裁を部分的に解除して、拉致問題の再調査をさせることである。北朝鮮はかつてそのことを約束した。しかし、約束を破ったのは日本側なのだから、日本側で誠意をしめさなければならない。再調査がおこなわれることになれば、横田めぐみさんの御両親に訪朝していただき、現地調査を実施してもらうことが重要である。ご両親にとっての孫、キム・ウンギョンさんとめぐみさんの元の夫の存在はめぐみさんの生死、運命を見定めるのにもっとも重要な手がかりである。この人々と会うことは調査の不可欠の作業となる。

北朝鮮と交渉を開始すれば、拉致問題の進展いかんにかかわらず、国交樹立のための交渉を開始すべきである。国交樹立のための原則はすでに合意され、2002年の日朝平壌宣言で与えられている。日韓基本条約と日朝平壌宣言の2つを基礎に日朝基本条約案を作成すべきである。

日朝基本条約の前文には、「かつて日本国が朝鮮民族の意思に反して植民地支配を強要し、朝鮮の人々に多大の損害と苦痛を与えたという歴史の事実を確認し、この事実に対する日本国の反省とお詫びの気持ちが両国民の間の善隣関係の出発点となるとの認識を共有し」というような文章を入れなければならない。またそのような反省とお詫びの気持ちから出発して、国交樹立後、経済協力を実施することを約束し、そのための協定を締結すると条文にもりこまなければならない。

国交を樹立すれば、独自制裁は解除しなければならない。またそのさい、生存がわかった拉致被害者がいれば、返してもらうのは当然である。また在朝被爆者や慰安婦など、個人被害者に対する措置を国交樹立時に前倒しで実施することがのぞましい。この人々は高齢で、次々に死亡しているからである。経済協力は国交樹立後に交渉し、6者協議をにらみつつ、妥結の方向へ進むのが現実的である。経済協力を北朝鮮説得のための梃子《てこ》とつかうことができる。

北朝鮮を取り巻く情勢が緊張すればするほど、日本が北朝鮮と国交樹立する必要性は高くなっていると考えるべきである。

5 在日韓国人・朝鮮人との関係における課題

日本には、韓国籍の在日韓国人、朝鮮籍の在日朝鮮人、日本国籍を取得した在日コリアンらが居住している。この人々は国籍の別なく、日本に住みつづける人々であり、日本の市民社会、コミュニティの一員である。民族的にはコリアンであるこの人々とともに生きるために努力することが必要である。この人々と日本人との関係はようやく改善の兆しがあらわれている。在日外国人に地方参政権が与えられれば、関係は一層改善されるであろう。このことが一日でもはやく実現される必要がある。

しかしながら、今日、民族差別は拉致問題と関連して、朝鮮籍の人々に対してもっとも厳しく向けられている。在日コリアンの多くは韓国を父祖の地として、そこに祖先の墓もあり、親戚も居住していて、自分は日本に生きつづけ、肉親が北朝鮮に渡っているというふうに、身体が3つに切れているような人々である。この人々は日本、北朝鮮、韓国の3国が平和の中に人間的な協力関係の中に生きることをもっとも強く望んでいる人々である。その人々に差別を向け、ハラスメントを加えることは不当きわまりないことである。制裁の一環として、法令の厳格適用という名のもとに、不当な差別とハラスメントをくりかえしてきたことをやめなければならない。鳩山内閣がとった高等学校無償化措置を朝鮮学校生にのみ適用しないという決定はすみやかに取り消されなければならない。

6　独島＝竹島問題解決の課題

韓国併合100年にさいして考えなければならないことの第4は独島＝竹島問題の解決をはかることである。

この問題は2005年に日韓両国間に劇的に登場した。この年、島根県議会が「竹島の日」条例を制定し、韓国側の激烈な反発をよびおこしたのである。島根県側がこの挙に出たのは、この年が竹島が島根県領となった1905年から100年であるというためであった。はからずも、この年は日本が韓国を保護国とした乙巳条約から100年であった。韓国側の怒りの爆発によって、竹島が日本領になった事情が誰の目にも明らかになったのである。乙巳条約100年は韓国併合100年の直接的前提であることを思えば、乙巳条約100年の年に登場した独島＝竹島問題は韓国併合100年の年に解決されるのがふさわしいと言えるのである。

領土という概念が明確になるのは近代国家においてである。明治維新をなしとげたあと、日本は周辺諸国と国交を結び、領土画定をおこなった。日本は朝鮮とは1876年にいわゆる日韓修好条規を結び、国交を樹立したが、そのさい領土画定をおこなう必要を特別には意識しなかった。しかし、1年後の1877年3月29日、日本の最高国家機関である太政官が「竹島外一嶋の義、本邦関係これ無き義、相心得可きこと」と決定したのは、日本と朝鮮の国交樹立にともなう領土画定の一環であったと考えることができる。この竹島とは鬱陵島《ウルルンド》のことであり、「外一嶋」とは独島《ドクト》＝竹島のことであるというのが学者の多数意見である。となれば、日本は朝鮮との国交樹立のあとで、独島＝竹島を自国の領域の外、つまり朝鮮に属するものと認定したことになる。

ともあれ、万人が一致して認めるのは、日本国家が1905年1月28日に問題の島を「竹島」と呼んで、日本領土に編入することを決定したことである。だが、このとき大韓帝国は前年から日本軍に全土を占領されていた。前年2月23日、韓国皇帝は「日韓議定書」の調印を強いられた。この「議定書」によれば、日本は「軍略上必要ナル地点ヲ臨機収用スルコト」ができることになっていた。つづいて6月11日には日本は「帝国ノ対韓方針」を採択し、すでにえた「保護権」を進めて、韓国に対する「保護ノ実権ヲ確立」することをめざした。そして8月22日には、韓国政府に「日本政府ノ推薦スル外国人一名ヲ外交顧問トシテ」受け入れるように承諾させるにいたっていた。日露戦争がつづく中で、竹島が日本領と宣言されるまでに、朝鮮はこのような従属状態に陥っていたのである。

1905年以来40年間、竹島が日本の領土であったことは間違いない。しかし、その40年間は日本が韓国を支配した歳月であり、うち36年間は朝鮮半島全体が日本に併合され、日本の領土の一部になっていたのである。

1945年8月15日、日本の敗北、降伏とともに、朝鮮は日本の支配から解放された。そして1946年1月29日、連合国総司令部は「若干の外郭地域の日本からの政治上及び行政上の分離に関する覚書」を発し、「鬱陵島、竹島、済州島《チェジュド》」を「日本の範囲から除かれる地域」に指定したのである。日本の敗北、朝鮮の独立につづいて、日本領であった「竹島」は「日本の範囲から除かれ」た。朝鮮側が日本の範囲から除外されたこの島が独立した自分たちの国にもどったものと考えたのは間違いないところである。

とすれば、２００５年2月17日の韓国国家安全保障会議常任委員会声明が、独島を「過去の植民地侵略の過程で強制的に編入させられたが、解放によって回復したわが領土」と主張するのに、反論することは難しい。日本政府が植民地支配のもたらした損害と苦痛に対して反省し、謝罪するのなら、竹島への領有権主張を取り下げなければならないというのが韓国側の主張であり、そこにはいかなる妥協の余地もないというのである。

竹島は「日本の固有の領土」であるという主張を堅持しながら、この問題の解決は棚上げして、将来状況が変化したところで、解決をはかることにしたいという日本政府の態度は、歴史から目を背ける態度である。しかも、時が経てば経つほど、上記の論理をもつ韓国側の主張は不動のものとなり、日本が領有を主張すれば、一層の挑発行為とうけとられ、一層激烈な反応を呼び出すことになるであろう。竹島は韓国が50年以上も実効支配してきた島である。日本がこの島に手をのばす可能性は現在も将来も皆無である。

したがって、解決案として考えられる第1は、日本が独島の韓国領有を承認するのに対して、韓国が島根県漁民の漁業権を認めることである。いずれにしてもこの問題を解決することは簡単ではない。併合１００年の年には、解決案をさがすという姿勢をもって、討論をはじめることが必要である。

7　天皇のソウル訪問について

韓国併合から１００年になるというなら、当然実現されていい懸案もある。天皇皇后のソウル訪問である。

昭和天皇は戦争が終わり、植民地支配が終わって44年が経過しても、ついに中国と韓国を訪問することなく、世を去った。平成の明仁《あきひと》天皇は１９９２年10月23日から28日まで、中国を訪問した。到着当日の国家主席の晩餐会で、次のように述べた。いうまでもなく日本政府が用意したテキストである。

「両国の永きにわたる歴史において、我が国が中国国民に対し多大な苦難を与えた不幸な一時期がありました。これは私の深く悲しみとするところであります。戦争が終わったとき、我が国民は、このような戦争を再び繰り返してはならないとの深い反省にたち、平和国家としての道を歩むことを固く決意して、国の再建に取り組みました」

これは村山談話が出される以前の言葉であるが、この言葉は中国政府に好意的に受け取られた。

さて天皇の韓国訪問はすでに金大中大統領によって招待がなされたことである。歴代の内閣は実施のための条件が整うのを待っていたのであろう。

天皇が韓国を訪問すれば、大統領主催の晩餐会で挨拶がなされる。これまで村山談話の表現が天皇の言葉にそのまま使われたことはない。しかし、朝鮮の地は特別である。併合１００年にさいして新しい総理談話が出るならば、天皇の言葉もさらにはっきりした表現をとるものになりうるはずである。

天皇皇后が韓国に行かれれば、訪問されるのがふさわしいところがある。それが高宗、純宗の廟、洪裕陵である。これはソウルの西の郊外、京畿道《キョンギド》南楊州《ナミャンジュ》市にある。高宗が1919年に亡くなると、この洪陵に埋葬された。この陵には明成皇后（閔妃）も合葬されている。洪陵の隣には、高宗のあとをついで1907年に即位した李王朝最後の皇帝純宗とその妃の廟、裕陵がある。

天皇皇后がソウルを訪問すれば、朝鮮王家の廟に参拝するのがもっとも自然である。洪陵を訪れ、花輪を捧げ、頭を垂れれば、意義深いことであろう。

天皇のソウル訪問によって、すべての問題が隠蔽されると心配する向きもあるが、そんなことはできるはずがない。日韓間の問題の解決のために、あらゆる人が貢献することがのぞまれるという以上のことはないのである。

しかし、併合100年の年のうちに天皇のソウル訪問が実現することは難しい情勢である。それならば、そのための条件つくりを今年からはじめて、来年でも、再来年でも実現すればよいと思う。

1枚の写真から見えてくること

高秀美

「植民地は解放されたとき、世界の支配者たちと同じ出発点に立っていない。植民地は、彼らの生活が以前に支配を受けたその歴史的な時点までたち戻らなければならない。独立国家。だが、この国家と民衆は、かつての歴史を継承するために、失われた時を逆行しはじめる。解放と独立の苦しい歩みをはじめるのと同時に、逆行しようとする」（『朝鮮植民者——ある明治人の生涯』村松武司、三省堂、1972年）

ここに1枚の写真がある（次頁）。昨年87歳で亡くなった母の兄の遺品を整理していたときに出てきたものだという。「欲しいものがあったら持っていきなさい」と叔母に言われて、写真を数枚もらってきた。これはその中の1枚だ。

チマ・チョゴリで正装した貫禄のある朝鮮のおばさん、おばあさんたちが並んで正面を見据えて

38.3.22

いる。写真の下に小さく「38・3・22 於伊豆稲取温泉いなとり荘」という文字が白抜きで入っているのが見える。もう1枚同じメンバーの集合写真で「38・3・21 於伊豆稲取温泉ホテル銀水荘」というのもあった。どうやらこの団体は1963年3月21日から22日にかけて、少なくとも2泊の温泉旅行を楽しんだようである。

関係のない人にとっては、なんともつまらない写真のことからはじまってしまうが、少し私の話につきあってもらえないだろうか。ここに写っている私のふたりの祖母のこと、そしてこの写真の女性たちについて、思いをめぐらしてみることから「併合100年」あるいは「在日100年」を考えてみたいと今思っているからだ。

写真の前列左端にいるのが私の母方の祖母金桂玉《キムゲオク》(1897年生まれ)、中央列の右から3人目が父方の祖母金達貞《キムダルチョン》(1906年生まれ)である。今生きていたらそれぞれ113歳、104歳ということになる。だからはじめにここで確認しておこう。ふたりの祖母が生まれたとき、朝鮮は「朝鮮」であり、朝鮮人は「朝鮮人」だった、ということだ。もちろんふたりはとうの昔に亡くなっている。奇しくもふたりとも享年76歳だった。

この写真について父に尋ねて、わかったことがいくつかあった。この旅行のメンバーは主に済州島の東北部に位置する舊左邑(終達里)、城山邑などの出身者たちであること。彼女らは同じ村出身ということで、日本で生活するようになってからも身内のような付き合いをずっと絶やすことがなかった。そして実際に子どもたち同士が結婚して姻戚関係になるというのもめずらしくなかった、というより普通だった。私の祖母たちもまさにそんな間柄ということになる。彼らの多くは植民地下の１９２０年代から30年代にかけて日本に渡ってきたが、最初に居住したのは大阪の猪飼野周辺であった。のちにＧＨＱ占領下、そのうちの何家族かは東京・浅草に移り住むようになり、やがて夫や子どもらの商売の関係でさらに新宿・池袋などに散らばって生活の拠点を構えていくようになった。この写真に入っている婦人らの多くは当時東京に居住していたが、私の父方の祖母のようにわざわざ大阪から出てきてこの旅行に参加した人も何人かいたようだ。この旅行はおそらく終達里出身の同郷会の青年らが主催して招待した「敬老会」だったのではないかということである。

私は父にとても素朴な質問をした。

「この写真に入っているのは、済州島出身のひとたちでしょ、だったら、みんな故郷《くに》にいたときは、海女をしてたの？」

「いやそうとは限らない、現にお前のハルモニ（お祖母さん）は海にもぐったことすらないはずだよ」

となりで聞いていた母は「海女をしなくても食べていける家だったら、娘を海女にはしなかったかもね」と父の言葉に付け加えた。母方の祖母は海女をしていた。ところが海女としてはそれほど有能なほうではなかったようだ。本人がそういっていたという。そもそも辛い仕事でもあり、祖母は嫌々やっていたに違いない。それで解放後、祖父がすぐに家族みんなで故郷に帰ろうというのに強く反対したのがこの祖母だった。そのとき日本で生まれた娘たちも合わせて３人の娘を抱えていた。済州島に帰れば女は海女になるほかない。「娘たちを海女にはしたくない」という祖母の強い意思によって、結局母方の一族はその後も日本に居住しつづけることになった……そんな話を子どものころに母から聞いた覚えがある。

父方の祖母、金達貞

この写真を見ていて、気になることがあった。私のふたりの祖母の顔が暗く、寂しげなことだ。子どもや孫たちにも見せなかった素の顔がそこに現われている。ふたりの心はふたりともその場にないようにも見える。このとき祖母たちが抱えていた憂いは何だったのだろうか。写真に書かれた日付をてがかりに推測するほかはない。

写真が撮影された1963年3月21日、私は小学校3年から4年に上がる春休みに入るときだった。それで思い出したのが前年初夏のできごとだった。私は大阪に行っていた。韓国の釜山に住む祖父が肺がんで亡くなって、その葬儀に東京から家族総出ででかけたのだ。遺体も遺骨もない葬儀だったと思う。祖父は「骨は海にまいて欲しい」という遺言を残していた。なぜそういう遺言を残したのか、理由はわからない。両親にも何度か聞いたことがあるが、誰も本当の理由は知らされていないようだ。だから私にも解けないナゾとして残っている。

私はほとんど記憶にないこの祖父になんらの愛着もなかったが、ただ学校を休んで大阪に行けるというのでうきうきとしていた。そんな旅行気分に暗雲が差していたのは、1週間ほど前から弟が水疱瘡にかかっていたことにあった。私は弟のせいで大阪に行けなくなるかと思うと気が気でなかった。弟の発疹がきれいに治まって、ほっとしたのはもう大阪出発の前日あたりではなかったろうか。その日、私は下着を着替えていて自分の身体に発疹が出ているのを発見した。私は誰にもそのことを告げなかった。そのまま隠し通せるものならそうしたかったが、みるみる首のあたりまで発疹が広がって出てきて、とうとう母に見つかってしまった。まるで悪事の現場を取り押さえられたみたいに後ろめたく、よりによってこんなときに水疱瘡にかかる間の悪い自分が情けなかった。そしてひとりだけ置いていかれるのかと思うとますます憂うつにもなった。両親はあわてて医者に相談しに行ったようである。結局大阪の病院で治療を受けるということに落ち着いて、私はみんなと一緒に行けることになった。とはいうもののそれから数日間、祖母の家から歩いてすぐのところにある病院に毎日通って太い注射を打たれ、帰ってきてからはひっそりと部屋にこもって布団で寝起きするはめになった。もう誰の目から見ても身体中が発疹だらけで、旅行気分どころではなかった。

私はどこにも出かけられず、いやおうなしに家で祖母と過ごすことになった。振り返ってみれば、そんな風に身近に数日を祖母と過ごしたのは、生涯でこのときっきりのことだったのかもしれない。病院通いのことと重なって、祖母の泣く姿を見続けたことがくっきりと記憶に残っている。そのように泣くひとをそれまで見たことがなかった。いやそのように泣く祖母を見たこともなかったのだと思う。私は布団に入ってぼんやり祖母のほうを見ていたように思う。夫を亡くして悲しいのだろうということは私にも十分わかった。朝鮮人の家では、地方によって多少の違いはあるが、法事になると大きなお膳にご飯、スープ、魚、肉、ナムル（野菜の和え物）、餅、果物、菓子、などがきれいに盛り付けられて並べられる。そして時間になれば喪主が中心となって、まつられている祖先あるいは亡くなったひとへ酒が供される。直系の男たちはひとりずつ喪主から盃に注がれた酒をお膳に供し、礼をしていく……そんな具合に法事の作法とでもいうべきものが進行する。そういった祭事の一切をとり仕切るのが喪主の役割だ。その間じゅうずっと、祖母はお膳のわきでうたうように泣いていた。それは私が今まで見たこともない祖母の姿だった。うたっているのか、しゃべっているのか。おそらく嘆きの言葉なのだろう、ある一定の節まわしで、えんえんと続いていく。だが朝鮮語なので私には何ひとつ聞き取ることができない。それはいつまでも続いて、果てがないように思える。ところが、あるところにくるとぷっつりとやんで、祖母は何もなかったかのような顔をして立ち上がり、となりの部屋に行ってしまう。あんなに身体全体で悲しみを訴えていたのに、まるでどこかに切り替えのスイッチがあって、それを押したみたいにピタッと普通の顔をするのが信じられなかった。そしてまた時間がくると祖母はやはりそのお膳の傍に坐って、泣くのだ。そんなことが繰り返された。

私は「朝鮮の女は、葬式でそんな風に泣くのだ」とひそかに思った。そして不安になった。「私にはできるのだろうか……」

父方の祖母が丙午《ひのえうま》の年の生まれだということを知ったのは、いつのことだったろう。母が誰かと話すのを耳にしたのか、母から直接聞いたのか、覚えていない。ただそのとき波乱に満ちた祖母の人生と「丙午生まれ」ということが分かちがたく結びついているということを母は言いたいのだろうと思った。朝鮮での謂れが日本に古くから伝わるものと全く同じかどうか知らないが、丙午生まれの祖母のふたりの夫は確かに短命だった。

祖母の最初の「結婚」は、妻子ある男性——私の実の祖父との駆け落ちによるものだった。祖母には5人だか6人だかの兄さんがいたという。祖母は、父親に「今度こそ女の子を」と待ち望まれて生まれたはじめての女の子だった。だから親にもきょうだいにも可愛がられて大事に育てられた。祖母には親に決められた婚約者もいたらしい。そんな祖母がいきなり駆け落ちして大阪で暮らしはじめたというので、大変な騒ぎだったろう。済州島に連れ帰るべく兄さんたちが説得しに大阪までやってきた。だが祖母は頑として聞かなかった。結局実家からは親きょうだいの縁を切ると勘当を言い渡され、以後、生涯にわたって祖母は自分の故郷の土を踏むことはなかった。ふたりの間には3人の子が生まれた。長男である私の父、そして下に弟、妹。だが祖父は1937年に大阪で結核によりわずか37歳で病死。父が小学校に上がったばかりの7歳のときだったという。

ここまでの波乱万丈ならよくあることなのかもしれないが、その後祖母は3人の子どもを連れて再婚をした。しかも相手は初婚で年下だった。今なら何も驚くこともないことだが、70年以上前の朝鮮社会であれば、考えられない「非常識」なことだった。

私が大阪で迎えた祖父の葬儀というのは、このひとのことだ。だから私とは血が繋がっていない義理の祖父ということになる。

こういったことは、もともと知らされていたわけではない。父や母が話すのを聞いて、そのときどきに私なりに少しずつ肉付してきてわかってきたことだ。たとえば小学校の5、6年のときにこんなことがあった。冬休みを大阪の叔父の家(というか、間借りしていた住まいであり、祖母も当時同居していた)で過ごすことになって弟とふたりで訪ねたことがあった。玄関を入るとき、ふと見上げると、表札に「武田」という心当たりのない名前があった。私の家では当時、「高本」という通称名を使っており、叔父さんは、なんで「武田」なんだろうと不思議に思った。父とこの叔父は10歳ほど年が離れているものの、顔がよく似ていて、誰が見ても一目で兄弟であることがわかるほどなのだ。このふたりがなぜ、他人のような通称名を使うのだろうか。

私はこのときなぜか叔父や祖母に直接聞くのをためらい、結局東京に帰ってきてから、母に尋ねた。そしてこのときはじめて父と叔父が父親違いであることを知らされたのだった。叔父さんの本名は「洪」であって、私の父の「高」とは違うから、通称名も違うようになるらしい。

この話の流れだったのかもしれない、祖母が「丙午生まれ」だと聞いたのは。

もう一度、写真の中の祖母金達貞にもどろう。疲れて放心している表情をしている。このときの祖母の年齢は計算してみると57歳ということになる。今の私とそう違わない年であることを、どう受け止めたらいいのだろう、ちょっとわからない。祖母はこの「敬老会」旅行の前年に再婚した夫を亡くしていた。そこにいたるまで、夫の韓国での癌の治療にかかる莫大な費用を捻出するために釜山にあった大きな家も処分したり、日本からも送金をするなどずいぶん苦労をしていた。祖母が産んだ子は全部で5人。前夫の子、泰成（私の父）は同じように済州島をルーツにもつ大阪生まれの朝鮮人2世（私の母）と結婚して東京で商売、その下の弟泰官は北朝鮮にひとり「帰国」して本国の女性と結婚、そして末っ子の娘は継父との葛藤から家を飛び出して韓国の軍隊に入隊し、その後軍人の夫と結婚して大邱に。大阪で一緒に住んでいるのは再婚した夫の息子、載翰、そしてその下の娘は韓国の釜山で自活して働いていた。祖母はふるさとの済州島に帰ることができない……。そもそもなぜ祖母たちは釜山と大阪で別れて暮らしていたのか、そんなことのすべてについてきちんと書くことは今ここではできない。

祖母は自分の意思を貫いて人生を生きたのかもしれない。だがそれだけだったろうか。故郷に帰ることができなかったのは、祖母の選んだ人生の個人としての責任だとしても、子どもたちが韓国、北朝鮮、日本と単に地理的に離れ離れに住んでいるというだけでなく、祖国の分断の中で互いに音信を取り合うことすらできない状況におかれてしまったことをどう考えたらいいのだろう。この離散の苦しみも祖母の責任なのだろうか。

母方の祖母、金桂玉

母方の祖母の顔がさびしげなのはなぜなのか、そう考えて思い当たるのは、この旅行の2、3年ほど前にあった「あるできごと」だ。やはりそこに行き着く。このとき私たち一家は新潟に行っていた。母方のいとこたちの家族が北朝鮮に「帰国」するのを親戚中で見送るためだった。「日赤センター　1960年11月3日」と裏にメモされた小さな写真を私はずっと持っている。これが幼いいとこたち全員がせいぞろいした最後の写真になってしまった。朝鮮民主主義人民共和国への帰国船の第一陣が新潟港を出たのは前年の59年12月14日であることから考えると、いとこたちの一家はかなり早い段階で「帰国」したグループになるかもしれない。

新潟港からの見送りというのは、祖母にとっては長女との別れを意味した。そしてふたりは二度とめぐり合うことはなかった。数年前だったと思う。伯母は「あのとき別れて、まさか45年以上も会えないままになってしまうとは思ってもみなかった」と達筆な日本語で手紙を寄こした。離れ離れのまま、父親も母親も見送ってしまったことの痛切な思いがそこにしたためられていた。

この伯母も今年の正月に亡くなったという知らせがきた。享年80歳だった。

いとこたち一家が北朝鮮に帰国すると決めた頃、毎週のように親族の集まりがあった。みんなが反対をしていた。誰よりも反対したのが、私の母だったらしい。そして、娘を海女にすることもなく、この先もずっと子どもや孫たちに囲まれて暮らせるものと思っていた矢先、長女の一家がまったく身寄りのない北朝鮮に行ってしまうという事態を前にして祖母は嘆き悲しんだ。

１９２０年代後半、祖母は先に日本の大阪に渡った夫と長男の音信がないことにしびれを切らして、故郷の済州島を捨てる覚悟で船に乗った。当時済州島と大阪は定期航路でつながれていた。このときかたわらに手を引いていたのが幼い長女だ。祖母にとってこの長女は子どもたちのうちで誰よりも頼りにしていた娘であり、それゆえに誰よりも苦労をさせた娘だった。私の母もこの姉の思い出を話し出すと、いつも決まって泣き出してきちんとした話をすることができない。

「きょうだいのうちでヒサコ（私のいとこ）の母さんだけは一度も学校の門をくぐったことがなかったの。8つのときからもう働きに出ていたのよ。そんな小さい子が何したと思う？　今じゃ考えられないけれど、ほら、チャックがあるじゃない、昔はあのひとつひとつのつめを手ではめ込んでいったのよ、そんな仕事があったの。1センチにつきいくら、という風にね。ヒサコの母さんが目を悪くしたのはこの仕事のせいよ。でも、ヒサコの母さんばかりじゃないわ。当時、朝鮮から日本に来た人たちは大なり小なり、そんな風にして生きていくほかなかったのよ」
「外で働いたお金は全部家計に回してた。お父さんはそれを当たり前だと思っていたかもしれないけれど、私なら絶対がまんできなかったと思う。でもね、姉さんはどんな時でも自分がみんなの犠牲になっているとか、不幸だとかそんな顔を私たちにも見せたことがなかったのよ。そういえば怒った顔も見たことがない」

誰よりも苦労してきた姉が結婚してからも貧しい暮らしから抜け出せないでいることを歯がゆい思いで私の母は見ていた。その原因は姉の連れ合いにあると母方の一族は思っていたようである。事実、この伯父はどんな仕事をしてもうまくいかなかった。頭が良すぎるというのが裏目に出るひとのようだった。その間に借金がどんどん膨らんでいくばかりで、もうどうにも挽回できないところまでおいつめられていたらしい。

親族がこのころ毎週のように集まっていたのは、それでもなんとか身内で助け合ってやっていこう、北朝鮮に帰国するのは思いとどまれと説得しようとしていたからだ。私は同い年のいとこのヒサコとの別れをどう受け止めたらいいのか、わからなかった。北朝鮮への帰国は「一方通行の片道切符」だということを私たちは知っていた。なぜ、片道切符なのか、理由はわからなかったが、それは絶対に覆すことのできないこととして私たちの前にあったのだ。

ヒサコと私は生まれたときから子犬のようにじゃれて、もっとも身近な存在だった。親戚中から私たちは「金魚のフン」といつも言われていた。だが親たちが決めたことに子どもらはついていくほかなかった。

北朝鮮への帰国運動については、近年『北朝鮮へのエクソダス』（テッサ・モーリス‐スズキ著、朝日新聞社、２００７年）などによっても、「帰国事業」をめぐる当時の日本、朝鮮民主主義人民共和国、大韓民国、アメリカ、ソ連、中国、さらに赤十字など、それぞれの思惑が明らかにされてきている。日本政府にとっては体のいい在日朝鮮人の切捨て政策にしか過ぎなかった。それがあたかも「人道的見地から」という宣伝の下で行われ、それに多くのひとが翻弄されたことを知って、私はそれほど意外なものだとは思わなかった。

だがそれにしても今になって「地上の楽園だという宣伝にだまされた」、あるいは「だました」ということを言う人がいることに解せない思いがしてならない。少なくとも私たちの親族は誰ひとり、「地上の楽園」なんて言葉を当時から信じてはいなかった。私は7歳にもならない、ほんの子どもに過ぎなかったが、まわりのおとなたちの話を聞いて、何もない大変なところに行くんだと思っていた。寒く、貧しく、美味しいものは食べられない……、いとこたちと話すのは、チョコレートもミカンももう食べられなくなるようなところに行くんだ、ということだった。チョコとミカンのことを最初に言い出したのは誰だったろう。チョコレートはアメリカの輸入物だし、ミカンは暖かい地方にできる作物だから、というのが「食べられないわけ」だったような気がする。

私のまわりの親族だけが、当時から「地上の楽園なんてあるわけない」と取り合わなかったリアリストの集まりだったとでも言うのだろうか。

それでも納得したのは、少なくともそこは自分たちの祖国なんだということだった。

私は、今いるこの国は自分たちの国ではないこと、そして自分の居場所はここにはないということをうすうす感じはじめていた。

私の両親は日本人相手の商売をしていくのだから、「朝鮮人だというのを隠さなければいけない」「日本人のふりをしなければいけない」と私に教えた。私は学校で通称名を使って、「日本人の女の子」のふりをした。そもそもすでに、あの写真に写った1世の朝鮮人たちと言葉すらも通じあえなかった私が、どう「朝鮮人らしく」ふるまうことが可能であったのか、その辺が疑問である。私にはそういったものが「すでにあらかじめ失われていた」というのに……。

にもかかわらず「ふり」をするほかなかった。本来「ふり」をするということは、「日本人」を知っていなければできないことだ。私は「日本人」も知らなかった。だから私は、まわりの日本人を観察して、彼らが抱いている「朝鮮人らしい」ことからできるだけ遠く離れることが、「日本人らしい」ことに近づくことなのだと理解するようになった。

私はまず「日本名」を使って、「日本人」のふりを装うことから出発した。そのことによって私に居場所があたえられているのだと思った。在日朝鮮人3世としての私の原点というのはそういうものだったと思う。

1960年代初頭、当時私のまわりにいた朝鮮人のおとなたちのほとんどは、私のような3世世代の出現というのを誰も真剣に考えてはいなかったのではないだろうか。彼らはすぐ目の前に立ちはだかる日本社会の壁を前にして、その隙間をいかにかいくぐって生活基盤を築き上げるかに必死だった。「定着」とか「定住」とかいうことはまだ誰も語っていなかった気がする。未来のどこか行きつく先に、統一された祖国と帰国というものを見ていたからではないだろうか。日本での生活というのは、だからその未来までの「一時的なもの」「仮のもの」でしかないと考えていたようにも思える。「在日」という概念すらなかった。

だから私のような存在はある意味、置き去りにされてしまったのかもしれない。祖父母たちとは言葉が通じ合えないことで。両親たちはとりあえず生きていくのに精一杯で。

いとこのヒサコのケンジ兄さんは勉強もよくできて将来は医者になりたいと言っていた。もしあのまま日本にいることになったとしたら、ヒサコの兄さんは医者になれただろうか、わからない。だがケンジ兄さんは朝鮮に帰って医者になった、このことは事実だ。

母方の祖母金桂玉は、家族がいつもそばにいて仲良く暮らせることだけを祈るように願って生きてきたようにも思える。そのことを幸福だと思う人であった。だがこの祖母もまた、家族の離散という苦しみから逃れることはできなかった。

済州島の女たち

写真に写っている私の祖母たち以外の女性たちの顔をよくよく見ると、どの顔も「いい面構え」と言っていいほど、堂々としていることに胸を打たれる。まさに彼女らこそ「1世の朝鮮人」である。私は2年ほど前、『在日一世の記憶』（集英社新書）という証言集の編集にスタッフとして関わり、実際に何人かの1世に聞き取りもした。彼らの多くは70代後半から80代だった。やむをえないことだが彼らは1世とはいうものの、１９４５年から数えて今年で65年になることから考えれば、彼らの「併合」「植民地」体験は、幼児期から青少年期のころのことだ。

だから写真の世代は同じ1世ということでくくられるとはいえ、現在、存命の1世たちのさらに前の世代だといえよう。そう、繰り返すが彼女らが生まれたとき、朝鮮は朝鮮であり、朝鮮人は朝鮮人だったのだ。そういう世代が私の祖父母たちだった。

この写真で私が見知っているのはふたりの祖母だけで他には誰ひとりいない。父に説明されて、これが誰の嫁さんで、姑はこのひとと言われてもよくわからない。だが、全員が済州島出身だということを聞かされると、どうしても避けて通ることのできない、ある事件のことを思わざるをえない。この写真の撮影されたときからほぼ15年前に済州島で起きた事件のことだ。

「済州島4・3事件」。1948年、アメリカ軍政下にあった38度線南半部は、南だけの政府樹立のための選挙に反対する運動が全国各地で繰り広げられていた。この年の4月3日、済州島でも反対闘争が武力をともなう形で勃発したが、米軍政および李承晩政権は軍隊および警察による膨大な軍事力を投入したばかりか西北青年団という暴力団まで送り込んで、徹底弾圧に乗り出した。このときの犠牲者の総数は未だに確定されていない。村ごと全員が虐殺されてしまったため犠牲者についての証言すらできなくなっている地域もあるという。済州島の島民30万のうち、数万人が犠牲になったと言われている。

私の父方の祖母は、二度と故郷の土を踏まなかったと書いた。だが、祖母には男きょうだいが5、6人いたと聞いている。当時みんな済州島にいたはずだ。彼らはどうなったろう。「4・3事件」をどう生き延びたのだろう、あるいは命を亡くしたのだろうか。

誰も朝鮮はようやく日本の植民地から解放されて当然すぐにでも独立国になるのだと思っていたはずだ。ところが蓋を開けてみれば朝鮮半島は南北に分断統治されることになり、アメリカ軍政下におかれた38度線の南半分は、植民地時代に幅を利かせていた親日派がすぐに返り咲いた。そしてその後、１９５０年6月25日に朝鮮戦争の勃発。日本国もまた自らが主体となって植民地支配の責任をとろうとはしなかった。これは驚くことに今も引き続いていて問題を残している。そういった中で、朝鮮人は誰もかれも息つくひますらなく、戦乱へ巻き込まれていった。日本にいた朝鮮人もまたそのことと無関係に生きられるわけではなかった。

母方の祖父母と同じ村出身だという女のひとが、あるとき密航で日本に渡ってきた。母や叔母たちはそのひとを呼ぶとき「クンジャさん」と言っていた。肌の色が透けるように白いひとだった。母はクンジャさんのことを少し話してくれた。

「クンジャさんのお母さんは、気が変になってしまったんだって。それで毎日、朝から晩までずっと村の入り口のところに立って、通りかかるひとを見かければ、誰にでも聞くらしいのよ。『息子は帰ってくるのか、いつ帰ってくるのか』って、それぱっかり。相手が子どもだろうが、おとなだろうが、つかまえては聞くらしいの……」

私がこの話を聞いたのは小学生のころだった。最初は意味がわからなかった。「クンジャさんのお母さんが気が変になった」ということの背景にあるものを何一つ母は私に伝えなかったからだ。それでもなぜかその後もずっと、このクンジャさんのお母さんのことが小さな棘となって心に突き刺さり続けていた。

この話の背景にあるものがようやく見えてきたのは、おとなになって「4・3事件」のことを知ってからだ。すっかり忘れていた昔の話が別なところから光を照らされて突然浮かび上がってきたのだ。

このオモニ（お母さん）の息子は、そのとき誰かに連れ去られたのだろうか。どうして母のもとに帰らなかったのだろう、帰れなかったのだろう。このオモニの心が壊れてしまったのはなぜなんだろう。そしてこのオモニは、その後をどう生きたのだろう。

写真に写る女性たちのうち、この事件に全くかかわりなく生きられたひとがいただろうか、たったひとりでもいただろうか、そんな思いで彼女らの顔を見つめないではいられない。

「日の丸」と「太極旗」

私はふたりの祖母から昔の話というのを聞いたことがなかった。もちろん会えば挨拶はする。だがまともな会話らしい会話というのをした記憶がない。嫌っているとか、疎遠だったからというのでなく、どう接していいのかわからなかった、というのが本当のところだろう。ひとつには言葉の壁があった。家でも日本語で生活し、日本の学校教育しか受けていなかった私は朝鮮語をひと言も解することができず、祖母たちもまた、心に抱えた思いを日本語で言い表すことがおそらくできなかった。

私は古い写真のことから話をはじめた。この写真に興味を持ったのは、済州島の婦人ばかりがチマ・チョゴリ姿で写っていて、その中にふたりの祖母を発見したからということだけではなかった。この写真を最初に見たとき気になったのが、撮影された日付だった。

「38・3・22」、つまり1963年3月22日。正確にはこの少し前、私の周辺で起きたことと、この写真のハルモニたちの間にある、とてつもない「へだたり」と「つながり」について、突きつけられたのだといえる。

今、私の手元に1963年3月9日の新聞各紙夕刊のコピーがある。以下はそのときの記事だ。

「両陛下をお迎えして――久松小九〇周年記念式」（毎日新聞、写真も）

東京中央区立久松小学校（児童九三一人）は九日午前一〇時、天皇、皇后両陛下をお迎えして創立九〇周年記念式典をあげた。両陛下は小雪降る中を父兄、東東京都知事ら来賓、児童、幼稚園児、職員約一五〇〇人の日の丸とバンザイの声に迎えられ、伊東校長、川島同校記念事業後援会名誉会長（国務総）らにお会いになってから朝礼台にあがられた。児童全員と幼稚園児が校庭の大テントの下でこの日のためにとくにつくられた〝奏迎歌〟を合唱、バンザイを三唱した。（後略）

他にも「両陛下、久松小へ――創立九〇周年のお祝いに」（読売新聞、写真）、「両陛下、久松小の創立記念式へ」（日本経済新聞）、「両陛下ご臨席――東京・久松小学校九〇周年式典へ」（朝日新聞、写真）と社会面の比較的目立つところに記事が掲載されていた。

私は当時、この久松小学校の3年生だった。この学校九〇周年行事にまつわることについては今もよく覚えていて、これまでも他のところに書いている。

それはもう日程がだいぶ押していた頃だった。その日、紙で作られた「日の丸」の小旗を初めて持たされて、みんなちょっとうきうきしていたかも知れない。覚えていないが、おそらく先生には「旗は持つだけで、振り回してはいけない」とあらかじめ注意を受けていたのだろう。もちろん全員がおとなくしく先生の言うことを守るわけじゃない。ましてたかだか小学3年生だ。いつもこんなときにふざける男の子がいて列をはみ出て、旗を振り回していた。それを見て私も楽しい気分につられたのか、旗をパタパタと振ってみた(なぜそんな気になったのか、自分でもいまだによくわからない。私は普段そういうことを全くしないタイプだったからだ)。そのときだった。遠くにいた担任の教師がたまたまこちらを振り返って、目が合ってしまった。運が悪かった。先生は恐ろしい勢いで駆けてきて、私をこっぴどく叱った。なぜか叱られたのは私一人だった。このときどんなことを言われたのだろう。

普段は温厚な先生だった。ところがこのとき私は、それまで全く見たことのないこわばった表情の先生を見て、ひどく驚いたのだと思う。怖かったというより、驚いたという記憶が強く残っている。

叱られたという記憶があるわりにはその内容のことをまったく覚えていない。ただこのとき以来、ある疑問が生じた。

「先生は、私が朝鮮人だから日の丸の旗のことであんなに怒ったのだろうか?」

なぜ、そんな疑問を持つようになったのか、わからない。ただ私はこのとき以降、「日の丸」の旗は触れたくもない代物になったし、「君が代」を声を出して歌うこともしなくなったので、先生の言葉に何か、私なりに思うことがあったに違いない。付け加えれば、式典の当日、3月だというのに何十年来の大雪が降って、沿道で「日の丸」の小旗を振って全校生徒が出迎えるというイベントは急遽取り止めになったのである。今思うと、私にとっては幸いなことだった。

（『海峡22号』「踊りの場（7）」2007年）

おそらくこの時点まで、私は自分が朝鮮人だということを知ってはいたが、そのことに何の意識も持っていなかったと思う。ときおり朝鮮人である私がなんで日本で生まれたのか、不思議に思うことがあっても、よくわからないままにそれを受け入れていたように思う。

「テンノーヘイカ」は、なぜか、〝平和〟を象徴するかのような存在であり、ハエ1匹殺したこともない、殺せそうにもない、人のよさそうな老人にしか見えなかった。

私が、植民地のことを知り、「朝鮮総督府」や「皇国臣民」、そして「創氏改名」などを知るようになるのは、このときから10年以上も先のことだ。

だが私はこのときのことをなぜか忘れなかった。心のどこかで「納得がいかない」と、思い続けてきたせいなのだと思う。ときおり、もしかすると勝手な思い過ごしなのかもしれないとも思ったりもした。いずれにしても証明のしようもないことだった。

ところが最近、思いもよらない形で腑に落ちたのだ。このときの担任、三澤先生が回想録を残していた。てっきり小学校教員時代のことでも書いているのかと思って読んでみたら、そうではなかった。

「終戦50周年の日を迎えて」という副題がついたこの回想録のタイトルは『北辺の護り関東軍』である。第一部「ソ満国境の極寒の地孫呉で過ごした新兵時代」、第二部「奉天の関東軍通信教育隊での甲幹時代」、第三部「見習士官となり朝鮮光州師団通信隊に転属し張り切っていた時代」となっている。

私は小学校のときの担任に軍隊経験があることを意識したことはまったくなかったが、考えてみればありうることだった。戦前、日本では徴兵制がしかれていたのだし、当時の年配の男性教員には当然軍隊経験があるはずだった。そして私の担任は、敗戦を朝鮮半島の光州で迎えていたのだ。

巻頭には軍隊時代の写真が何枚か載っており、最後の写真は「復員にあたり久野さん一家と共に（光州）昭20・10」となっている。おそらく写真館で撮影されたものと思われる。1945年10月ということであれば、敗戦から2か月あまり経っているのだが、軍服帯刀姿で正装していた。

この回想録の副題に「終戦50周年」と、あえて先生は書いた。「敗戦」ではなくて、「終戦」。朝鮮半島の光州で1945年8月15日を迎えたときからずっと、「終戦」でしかなかったのだ。

この回想録には、こんな一文があった。小見出しが「太極旗が各戸に翻る」となっている。

「8月16日の朝、光州の朝鮮民家の軒先に揃って『解放』と書いた赤い小旗と、手製の太極旗が掲げられているのである。昨日まで使っていた『日の丸』に手を加え、赤丸の下の部分を黒い巴模様、白地の部分の4か所に卦の線模様を書きこみ、急造の太極旗をつくりあげたのだ。一夜のうちに、全家庭がこの仕事をやってしまったのである。日本統治の30年の恨みを、このような形で爆発させた無言の示威といえよう。光州人は気性が激しいといわれているが正にその通りで、師団司令部のお膝元にもかかわらずこのような行動を起こした。今後どんなことが勃発するのか心配になってきた」

「腑に落ちた」というのは、この部分を読んで感じたことなのだ。昭和天皇夫婦参席のもとでの学校の式典という一大行事を前にして、「日の丸」の小旗をおちゃらけて振り回す私を見つけた瞬間、あの「1945年8月16日」に目撃した、「日の丸」を「太極旗」に塗り替えた朝鮮人を彷彿した、そういうことなのだろう。

それにしても「30年の恨み」というのは、植民地支配36年（1910～45年）のことを言っているようだが、なぜ「30年」なのか。このことには何か意味があるのか、単純ミスなのかよくわからないが（この冊子は2005年に再版されたものだったが、修正されていないままだ）、その「恨み」をたかだか、国旗を塗り替えられたことで、朝鮮人に恐怖を覚えたのだ。そのときの記憶を強く残してきたのだと思う。私が小学生のときに叱られたときに覚えた驚きというのは、このときの担任の表情だったのだ。おそらく「1945年8月16日」の恐怖がこのとき蘇ったに違いない。そうであるなら、あのときの担任の行動が私には十分「腑に落ちる」のだ。

小学校の担任を弁護するつもりはないが、この先生は普段は生徒を分け隔てなく愛し、教育熱心な教師だった。私はこのときの記憶を除いて、一度も学校で自分が朝鮮人ゆえに疎外されているとか（もちろん私は通称名でいたので、クラスメイトは誰も知らなかったと思うが、担任は当然知っていた）、思ったことはなかった。

だがまた思うのだ。このひとの目の前に、日本語を話し、日本人と見分けのつかない、本名ではなく日本式の名前をした朝鮮人の私は、どう写っていただろうか。そして植民地時代はとうの昔のことだというのに、「日本同化」の完成形が目の前にいることを、どう思っていただろうか、と。

多くの日本兵、日本人と同様に、このひとも「終戦」とともに日本に帰ってきて、それ以前の植民地支配のことは、もうすっかり忘れてしまった、ようだ。いや、現にこうして回想録を残すぐらいだから、当時の軍隊時代のことは深く記憶しているわけだ。だが、植民地にされた国の人々が、そのときを、その後をどのように生きたか、国が他国の植民地にされるということはどういうことだったのか、まるで関心がないようである。

回想録には日本人しか出てこない。「満洲」であれ、朝鮮であれ、そこにもともと生きた人々がいたはずなのに、みごとなくらい登場してこない。光州師団通信隊にいたときのことをこんな風にも書いている。

「歩兵の戦闘訓練より通信の訓練は楽できつくない。そして、通信隊の食事がよかったためか（当地は南鮮《ママ》の米作地帯で米に不自由しない）一か月もするうちに、召集兵達はみるみる力強くなり頼母しい兵隊の姿になってきた。嬉しい限りだ」

これを読んだひとは、朝鮮（朝鮮人）はさぞかし米にも恵まれて、いい生活をしていただろうと勘違いするに違いない。だが現実はどうか。多くの朝鮮人が生活の糧を求めて故郷を離れざるをえなかったことと、朝鮮で日本兵が豊かに食べれたことはまさに表裏一体だった。

朝鮮では当時、日本への供出に苦しんでいた。研究者の樋口雄一は『海峡18号』（社会評論社、

1997年）に「流浪する朝鮮人農民——戦時下の行路死亡者について」と題して論文を寄せているが、そこには「旱害、供出による収奪などにより、食べることのできなくなった農民は村をすてて糧を求めて移動することとなる。朝鮮の土地を持たない下層農民の移動である。実態は流浪する農民群であった。流浪する農民は、春窮期が過ぎれば帰村するか、別の村に落着くかのいずれかであり、一部は中国東北部に移住する者も多かった。農民の流浪は毎年のように繰り返されていた」と、当時の朝鮮農村のありさまを指摘している。

日本兵が「米に不自由しない」ことの背景にあるものを、あえて見ないからこそ、あのようなことを書けたのだと思う。だが見ようとすれば、見ることができたのではないだろうか。

彼らは戦争が終わって、本国に戻り、戦後の日本から出発した。それ以前のことは最初からなかったように……。

また最初のあの写真に戻ろう。彼女らは私たちと同じときを、すぐ間近に生きていた。担任の教師はおそらく直接出会うことはなかったかもしれない。だが、在日朝鮮人3世である私の存在を通してそのことの意味を考えたことがあったろうか。日本の植民地支配の枠組みの中でとらえて考えたことが一度でもあったろうか。

記憶の断絶と連続

私は初めて出会った日本人に本名を名のるとき同時に、在日朝鮮人3世であることを告げる。すると、「日本語がじょうずですね。いつ頃日本に来られたのですか？」という無邪気な問いが返ってくる。

私はもう一度、在日朝鮮人3世というのは、祖父母の世代に日本に来て、両親は大阪で生まれて、私は東京で生まれたことを説明する。このとき相手は納得したような顔になるが、たいていはわかっていない。

多くの日本人にとって、植民地支配というのは、彼らとはもはや断絶した、関係のない遠い世界のことになっている。だが、一方の私はいやおうもなく、1世の祖父母たち、そして日本で生まれた2世の両親たち、私の一族たち、さらに私たちの民族が置かれた歴史と切れずに現在に繋がれ、そのことに縛りつけられている。

私が本名を名のり、朝鮮人として自覚的に生きようとし始めたときからずっと感じている〝もどかしい〟思いは、おそらくここの部分に起因している。過去の歴史に対する記憶の断絶と連続。植民地支配は支配・被支配の両者がなければ成立しない。それであるなら、なぜ支配した側の記憶だけが都合よく、なくなってしまうのか。

「併合100年」「在日100年」は、ただ朝鮮人だけがこの年月を生きてきたのではない。日本人もまた、同じ年月を生きてきたはずだ。それはどのような「100年」であったのかが互いに問われている。

私は祖父母たちの世代の在日朝鮮人たちにもしも問うことができるなら、問うてみたかった。たった一度だけ、父方の祖母に尋ねたことがあった。大学3年のときだった。私はそれまで自分から話しかけたことがなかったので、かなり途方にくれていた。ようやく決心して私が聞いたのは「済州島に帰りたい？」というひと言だった。私は祖母が済州島に帰れない事情を抱えていることをそのときはまだ知らなかった。同じ部屋にいるのはふたりきり。部屋の明かりはもう消えていて、音のないテレビの画面だけが青くまたたいていた。静かだった。私は布団の中にいて、祖母はぽつんと煙草を吸いながら音のないプロレス中継をみていた。私の声が聞こえないはずはなかった。私が聞いたのは「済州島に帰りたい？」というひと言だけだった。祖母は結局、答えなかった。テレビ画面を見つめたままの祖母と私の間には沈黙だけが漂い、そして私は問いかけたことだけに十分満足してまもなく寝付いてしまった。

答えをいつか聞こうとして、いつのまにか時が流れ、祖母はそれからほぼ5年後に亡くなった。私が在日1世の聞き書きの仕事を続けているのは、おそらくこのことにも起因しているのかもしれない。

生まれたとき、朝鮮は「朝鮮」であり、朝鮮人は「朝鮮人」だったひとたちに聞いてみたかった。「あなたたちにとって祖国とは何ですか？　母語を離れて異国で生きることはどういうことでしたか？　私はあなたたちをちゃんと見ていますか？」

もちろん私が問いかけたかった人々は、もう誰ひとり生き残ってはいない、この残された1枚の写真のようにただ真っ直ぐ私たちを見据え続けるばかりだ。むしろ問われているのは、今生きている私たちだ。

土足と鞭——韓国併合100年の内実

前田憲二

1　日本政府がでっちあげた韓国併合

韓国併合は、1910年8月22日「韓国併合ニ関スル条約」が調印され、8月29日に公布。朝鮮が日本の植民地とされた。多くの日本人はこれを鵜呑みにするよう教育され、誰しもの脳裏に焼きつけられてきた。

つまり韓国併合は皇国の利益につながり、日清、日露戦争は正義の戦争だったと、いま老齢化を迎えたひとびとは、国家が推し進める教育を正面から受け止めてきた。

その内実をより明らかにすると、日本帝国主義者たちは大韓帝国をこの地上から抹殺、粉砕し、朝鮮半島全体をニッポンの領土として併合させ、植民地化を図ることだった。

1904年2月23日、朝鮮政府は局外中立を宣言。にもかかわらず同年8月22日「第1次日韓協約」を無理矢理結び、英米の了解と妥協を得た。そして、朝鮮の外交権を剥奪。1905年11月17日「第2次日韓協約」（保護条約）を一方的に日本の軍事力の下で締結させた。

1906年2月、韓国統監府開設。日本の代表となる統監が外交権を掌握、朝鮮を保護国とした。諸外国にあった朝鮮の外交機関は総て解消され、ソウルに位置した外国公使たちはソウルを立ち去る。朝鮮全体が俄かに日本の植民地化へと急ピッチで進んでいく。

朝鮮民衆の反日運動は全国各地へと広がり、特に忠清道、全羅道には甲午農民戦争（東学農民革命）時の、日本に対する怒りも強く残留していたため、激しさを増していた。「第1次日韓協約」「第2次日韓協約」は無効。条約に調印した李完用ら5大臣を追放すべしの声が韓国内に高まる。反日闘争が各地で激しく展開するなか、朝鮮では軍隊が解散させられ、義兵隊が組織され、その反動がおおきくうねる。それに目を付けた日本は精鋭なる軍隊を送り込む。そして軍事化の強化を計る。

1909年7月6日「韓国併合案」が小村寿太郎外相によってまとめられ、桂太郎首相にわたされ閣議で発表。「適当ノ時期ニ於テ韓国ノ併合ヲ断行スル事」が決定。同日天皇の裁可を得る。

1909年10月、朝鮮の独立運動家でカトリック教徒であった安重根が、26日前韓国統監の伊藤博文をハルビン駅舎で殺害。これを契機に日本政府は一気に韓国併合を進め、1910年5月、第3代統監寺内正毅は総理大臣李完用と併合について交渉。1910年8月22日「韓国併合ニ関スル条約」を無理矢理調印させた。その無謀な調印は当然無効だと考えざるをえない。しかし、その植民地支配は、1945年8月15日の太平洋戦争における日本の敗戦まで継承されたのだった。

2　祭りの原点から過去、今、そして明日をみる

朝鮮は、「韓国併合ニ関スル条約」に調印させられたのだが、その条約と植民地化は特に知識層階級にとっては許しがたいものだった。

それは、日本列島を拓き、文化の種を蒔き、今日の日本を建国したのは、我々の祖先、朝鮮三国（高句麗、百済、新羅）と伽耶の文化だという朝鮮人の自負があったからだ。

東京都渋谷区にある神社本庁（神社神道の宗教団体財団）へ連絡をとり、日本全国に神社はいくつあるのか問い合わせたところ、1990年12月時点で、神社本庁に登録されている神社総数は79175社という答えだった。現在は多少変化しても2、3の神社しか変動していないので、そのまま鵜呑みにしてもさしつかえない、とのこと。

京都の伏見稲荷大社を総本山とする伏見稲荷は全国各地に4万社はあるが、神社本庁には登録されていない。西宮に本拠をもつ恵比寿神社は全国に6千社あるが、これらも神社本庁には登録されていない。その他、住吉神社、諏訪神社、八幡神社などの摂社、末社をくわえれば、神社は日本に100万以上ある。神社の総計を確認することで、日本には祭事がいくつあるかをほぼ把握することができる。

一方、お寺は全国に6万余りある。いま鳥取市や島根県などの真宗寺院はものすごくつぶれている。この2、3年間に30～40か所つぶれているようだ。過疎化によって檀家が少なくなっているた

め、生活ができなくてお寺がつぶれるという現実がある。

神社が100万、お寺が6万あるという不思議な国が日本である。日本人は、こと宗教や信仰に関してはいたって寛容といえる。よく耳にするように、人は誕生してお宮詣りをし、七五三で神社に参拝し、神社や教会で結婚式を挙行し、葬式ではお寺さんの世話になるという図式は、節操のない国民性であるという日本人を揶揄している。

日本では祭りの多くが農業と結びついておこなわれてきた。春には、豊作への祈願をこめて春祭りが、夏には農作物を襲う災害や虫除けを防ぐ夏祭りが、秋には農作業に招いた神と豊かな稔りを感謝する収穫祭があり、冬には寒さを耐える厳しい祭りや春を迎える予祝の冬祭りがとりおこなわれる。これらの総ての祭りは、古来より田の神とともに共食し、遊び、先祖を敬うことで、1年を通して、その季節ごとに盛大におこなわれてきた。

お寺にも祭りはある。放生会《ほうじょうえ》や魔多羅鬼神祭《またらぎじんさい》がそうだが、やはり、祭りは神社だ。

京都の伏見稲荷大社の主な年中行事だけ例をとっても、年間20回以上の祭事が繰り広げられている。全国各地の大きな神社では、年に10回以上の祭事を挙行するところは数多い。日本全国にはおよそ30万の祭事があると推測できる。

葵祭にみる日本の不思議さ

古来「まつり」といえば、京都、上・下賀茂神社の「葵祭」をさした。上賀茂《かみがも》・下鴨《しもがも》と呼ぶのは通称で、正しくは賀茂別雷神社《かもわけいかずちじんじゃ》と加茂御祖神社《かもみおやじんじゃ》である。辞書で「まつり」という項をひけば、葵《あおい》祭《まつり》を指すことはすぐわかる。葵祭は、日本で一番大きく、一番古い祭りで、おそらく7世紀、あるいは8世紀に誕生したお祭りがいまの京都にある葵祭ということができる。元来葵祭は4月の祭事だったが、明治以後5月15日に開催されるようになった。

葵祭は、『宮中の儀』『路頭の儀』『社頭の儀』によって構成され、一般的なのは斎王の女房車である牛車を中心とした行列を見物する「路頭の儀」である。

葵祭は石清水八幡宮の石清水祭、奈良春日大社の春日祭とともに、日本三大勅祭のひとつに数えられ、皇城鎮護の神の祭りとされている。

もともとは新羅系の渡来豪族であった秦氏のお祭りである。

実は下鴨神社には走馬という神事が遺されている。これは、流鏑馬《やぶさめ》と同じように、白馬や黒馬に乗って神社の参道を物凄い勢いで走るもので、千年以上の昔からおこなわれていた。

むかし、加茂の地は鬱蒼とした湿地帯だった。この京都の地を拓いたのが大豪族の秦氏である。朝鮮三国からの渡来人が次々に京都盆地に入り、大陸の高度な技術を駆使して湿潤な土地を開拓し、堰を通じ、灌漑用水を作って徐々に農地を広げていった。今も彼ら渡来人の根拠地が太秦という名で残っている。

葵祭が秦氏の祭りであったことは、学問やその他で研究された結果、いまでは常識になっている。加茂の地を開墾し、農耕を広めた故事による走馬神事・競馬神事・騎射神事が、平安期になると天皇の祭り、勅祭として大きく変貌していく。

葵祭の葵は、陰湿地に自生する多年草で、日本中に分布している。この草は悪臭を発する草としてよく知られ、咳止めの働きをもち漢方の鎮咳剤にもなっている。そのため古来より風邪や病気から軀《み》を守る魔除の草として重宝された。葵という薬草から鎮咳剤を作り出す技術は、大陸や朝鮮半島から伝承されたものだ。

葵祭と呼称されるようになったのは、後に葵楓の鬘を装して祭りをおこなったためだが、いつしか農耕儀式が宮廷の儀式にすりかえられ、天皇の代理としての勅使が天皇の供物を唐櫃（韓の櫃）に納めて神社へ奉納する行列の儀式へと変貌していったのである。

本来祭りは、ひとつの意味合いから年を重ねていくごとに、いろいろなものを演出して付加価値としていく。もともと持っている祭りの本質的なものを遺しながら、その当時の流行を取り入れることで演出されていくわけだ。どの祭りも変貌を遂げているが、葵祭走馬神事と牛車と葵が残されていることでその本質的な特徴をなしているといえる。

葵祭はたびたび中断されてきた。明治期においては1870年（明治3年）に中断され、1884年（明治17年）に復興し現在に至っている。葵祭は中断されるたびごとに政治的背景が強くうちだされ、近世にはいってからは祭りを見学するときにも士農工商穢多非人という配列を余儀なくされた。

これは天皇がピラミッドの頂点にいたからであり、天皇を中心とした士農工商穢多非人という配列は江戸時代末期、幕末のころにその構図、構造がつくられ挙行されていくようになった。穢多非人は灌漑用水の後ろ、つまりどぶの後ろ側に莫蓙《ござ》上に膝を折り、頭を地につけて祭りを見たと文献には記されている。

葵祭で牛車《ぎっしゃ》をひいて演出しているのは八瀬童子《やせどうじ》といわれる人たちで、昨年（2009年）は98人が参加した。八瀬童子というのは、天皇の葬儀を始め朝廷の重要な儀式に奉仕している人たちのことをさす。

彼らは八瀬という京都市左京区、比叡山西麓の高野川の渓谷に臨む、若狭街道に沿った集落に住んでいる。私は7回ほど八瀬に行った。今はマンションも立ち並んでいるためわかりにくいが、250戸ぐらいはあるのではなかろうか。八瀬童子が天皇の儀式に800年以上もたずさわってきた。いまでも明治・大正・昭和天皇の葬儀には八瀬童子が少なからずかかわっている。

大正天皇が亡くなったのは神奈川県の大船の方だったと思う。そのときは三百数十名の八瀬童子が天皇を葬送車に乗せるまで担いで儀式を展開した。

昭和天皇が亡くなったときは、警視庁と警察庁、文部省、宮内庁の4者で相談がなされた。八瀬童子が天皇の葬儀を挙行するのはいかがなものかと議論になったが、八瀬童子を呼ばずして天皇の葬儀を挙行することはできない、なんとしても、どういうかたちであっても八瀬童子を呼ぶべきであるとの意見が出された。結局、宮内庁が強く推して、それを警視庁が支持したかたちになった。

昭和天皇の葬儀のときは、多摩御陵に車で入り、輿から遺体を出して墓に埋葬するまでをすべて八瀬童子が天皇を担いでいった。葬儀に使われた輿は朝鮮の葱の擬宝を屋根の頂に飾った、あの輿とまったく同じものだった。

八瀬童子は祭りのときも重要な役割をはたしている。賀茂社の祭り、お寺の祭り、そして大きな儀式には八瀬童子が欠かせない存在で、彼らがいないと祭りができなくなってしまう。葵祭には

2010年は96名が参加したが、前年はもっと多くの八瀬童子が参加したし、江戸期にはさらに多くの八瀬童子がお祭りを演出した。

八瀬童子は差別をうけながら特殊な環境に住んでいる。八瀬童子は赦免といって税金を免除され赦免地踊りという踊りを現代も継承している。

かたや社会を支配する天皇がいて、かたや差別される底辺の人がいて、彼らは共存しながら生活をしている。わたしたちは現代に生きていて、ややもするとたがいに別個のものだと解釈しがちである。しかし実際は、両方が一体化しているなかに日本の不思議さがあるということを考えなくてはならない。

アイヌ民族と北方ツングース系民族

1971、2年の頃だったと思うが、私は「イオマンテ」「アイヌの集落」「オロチョンの火祭り」等々のテレビ番組をつくるために数回にわたって北海道の旭川や網走を訪れたことがあった。

アイヌ集落、旭川の近文の里を取材したとき、独自の力でアイヌ文化を保存して、いまは故人になられた川村カネトアイヌ氏に会うことができた。氏は80歳に手が届くほどの古老で、自宅の敷地内にアイヌ記念館をつくり、コタン伝承の家をたて、自ら案内役をつとめてくれた好々爺だった。

氏の話によれば、数年前にインドネシアの原住民と「少数民族を語る」という企画に参加を求められ、インドネシアに招待されたとのことだった。そのとき川村氏は原住民の集落に入り、首長の家を訪問した。氏は、驚いたことに首長がおこなった挨拶の方法が、アイヌである自分の挨拶とまったく同じ形式だったと言っていた。

挨拶の方法というのは、対面して坐し、相手の眼を見ず、両手を上げて頭を三回繰り返して下げ、それが終るとはじめてあいての眼を見るというものである。アイヌも最初は人の目を見てはいけないというのが、常識になっている。お互いに何の躊躇もなく挨拶したので不思議に思い、川村氏は、首長になぜアイヌと同じ挨拶をするのかと尋ねたと言う。首長はそれが原住民の正式な挨拶なのだと教えてくれたそうだ。

そのうえ、老婆たちがしている口や手の入墨が、アイヌの老婆たちと同じ入墨なので驚嘆したということだった。

川村氏はインドネシアから帰国後、沖縄へも招待されたらしいが、そこで見た女性たちの入墨もインドネシアやアイヌとまったく同じだったので、先祖はどこかで血脈が繋がっているのだろうかと言っていた。

私も沖縄が復帰した1972年以前に、沖縄の祭りを取材しに何回も入ったが、そのころ驚いたのは入墨をしている人たちが那覇などにたいへん数多くいたことである。今は沖縄で入墨をした人を探し出すのはたいへん難しくなっている。

結論を言えば、アイヌは南方系で、入墨の習俗は南方系の習俗と関係がある。

ここで網走の事柄についても多少述べておきたいと思う。

網走はオロッコ(ウィルタ)族・ギリヤーク(ニブヒ)族ら、樺太から移住した少数民族が居住している。元来かれら少数民族は、北方のツングース系と考えられ、狩猟を専業としていたが小集団で移動するため、いつの時代にか樺太に移動したのだろう。樺太からは戦前・戦後にかけて網走に渡ってきたのだろうが、旭川に居住するアイヌの人々とその生活様式はまったく異質だった。

「オロチョン火祭り」を取材したとき、シャーマンである古老の北川コロゴロ氏を中心とした一団が踊りを披露してくれた。北川氏は一枚皮でできた平太鼓を手に満月の下で踊りはじめた。空を舞うような、鳥を連想させる姿となり、また軀をくねらせ平太鼓を小刻みに打ちながら呪文を唱えるごとく、わけのわからない唄をくちずさみはじめた。完全にトランス状態になっていた。それは数十分の舞いだったが、とてつもなく長い時間が経過したように思えた。

ツングース系の民族は、この北川翁のように一枚皮の太鼓を使用することが伝統で、逆に東南アジアの水稲耕作に従事する少数民族の間では、胴の両面に皮をはった二枚皮の太鼓が普及している。

ここで重要なのは、北方ツングース系民族は一枚皮の平太鼓を用い、南方の水稲耕作はなぜ二枚皮の両面太鼓を使用するかということである。

北方では、天上界で絶対動くことのない北極星を「唯一神」とする思想や信仰が、古代より伝承されてきた。そのため神は天に宿るもの、北極星を中心とした星の動きによって穀物や植物の種植えや刈り取りを行ってきた。

北方のシャーマンは、己れの肉体を外界へ、魂を肉体から離脱させることによって、入神のトランス状態に入る。この場合、太鼓は楽器としての役割を担うのではなく、呪具としての忘我を促進させる器具にすぎない。そのため入神するには、太鼓は一枚の平太鼓で、肉体の一部として共存するものでなくてはならないのである。北方ツングース族の血脈をひく北川コロゴロ氏の舞いにはまさにそんな所作が秘められていた。

一方、中国南部の水稲耕作地帯では「太陽」が絶対神で、穀物や植物を豊かに育て繁殖させてくれる神は太陽である。南方におけるシャーマンは外界の恵みを授けてくれる神霊を体内に同化させなければならない。それゆえ両面太鼓を激しく連打して外界の神を呼ばなければならないのである。つねに楽器の音は天に轟くまで激しく高鳴らなければならない。両面太鼓はそんな機能をもった楽器である。

アイヌと同じように集落をなしているツングース系北方民族は、北海道に入ってきている。そのためツングース系の北方民族とアイヌ民族とをいっしょにしてはいけない。たとえば網走には北方系のツングース族の人たちが住んでいるが、旭川から南側には北方系のツングース系の人たちは大変少なくなっている。

地方文化を正しくみることが必要

青森県の青森市と弘前市にねぶた祭りとねぷた祭りがある。「らっせー、らっせー」と言って練り歩く、大変にぎやかな東北の祭りで、青森ねぶたは8月初旬の5日間。青森市内の一円でおこなわれる。

韓国の祭りを構成する大きな流れは、はじめに神迎えをおこない、次に神をもてなし、最後に神を送る。つまり三段階に分けた構成になっている。この祭りの展開形式は、日本の祭りとまったく同じだ。

ねぶた祭りの起源については諸説あるが、祭りの根本は人形流しで、七夕の眠り流し行事である。ねぶた祭りの構成の基本は、祭りの直前に禊をおこない、精進潔斎して神を迎え、武者や米俵、金箱をかたどった燈篭を竹と紙で作り、その組ねぶたを中心に神をもてなし、最後に紙ねぶたを海に流すことで神を送り出すというもの。祭りの本質は、組ねぶたを海に流してはじめて成立するのとしてあった。ところが今は行政が中心に入って、海に流してはいけないことになったため、いつしか祭りの本質がすりかえられてしまった。

ねぶた祭りには小さいものがいろいろあって、子どもたちがかつぐものもあれば、親たちがかついだりするものもある。ねぶた祭りは、下北で40から50か所、津軽半島で25か所以上、その他青森県の太平洋側と日本海側の両方のも含めると１００以上のねぶた祭りが今も現実に存在している。恐山の麓にもねぶた祭りがいろいろ残っている。これらを見ずしてねぶた祭りを見たとは本当はいえない。

青森市と弘前市のねぶた（ねぷた）祭りは、マスコミを通じてそれのみがあたかもねぶた祭りであるかのように宣伝されて、今ではそれが常識になっているにすぎない。ねぶた祭りというと、すぐに青森市と弘前市のねぶた祭りと、ねぷた祭りを思い浮かべるのは、とんでもない話である。

私たちは地方文化を正しく見ることで、基本の問題をとらえていかなければならない。日本の多くの人々は東京、横浜、京都、奈良、大阪を中心にモノを見がちだが、大都市を中心に見る必要はまったくない。自分の生まれた故郷に、何という神社や寺があって、どういう祭りがあるのか、そしてそこでどういう人たちが共存をはかってきたのかということを見ずして、日本を語ることはできない。

江戸時代までには京都、大阪、奈良を中心にモノを見て、それがある主体性を保っていた。幕末以降になると、江戸、横浜を中心に日本全体をみる中央集権主義がはびこってきた。しかし実際はこんなものはありえない。日本はじつに広く、奥深いということを知らなくてはならない。

ラオスから渡来した「なまはげ」

秋田県の男鹿半島に「なまはげ」という祭りがある。

12月31日、男鹿では数か村になまはげが出没する。鬼の数も一定ではなく、独身の男だけの2、3人チーム、夫婦2人と子鬼のチーム、あるいは集団で6、7人のグループなどさまざまである。元来なまはげは、木彫りのものや笊を用いて作った鬼の面や藁のケダシを腰に巻きつけ藁沓を履いて木片の大きな包丁を持つのが、なまはげの定形であったそうだが、今はいろいろなものが使われている。

東北の冬はとても寒いので子どもや若い衆までが、冬の間中、こたつにばかり入って腰をあげようとしない。そんなナマケモノにはナモミという火だこの斑点が足にできる。その色づいた火だこの斑点を剥ぐナモミハゲやナモミハギが訛って「なまはげ」になったといわれている。なまはげは寒い北国の怠惰を戒める風習のひとつと考えられる。

12月31日の夜6時ごろ、なまはげの装束をまとい酒を飲んだ男衆たちが、思いっきり走ってきて民家の戸口を叩く。2、3歳の子どものいる家の座敷に上がりこんではウォー、ウォーと声をはりあげながら子どもたちを追いかける。子どもたちが泣きわめけば泣きわめくほど鬼は喜んで襲いかかる。おじいさんやおばあさんがぎゅっと子どもを抱きしめてかばうが、それでも火がついたように泣きわめく、それを楽しみながら何軒も何軒も回っていくのである。

夜８時、ＮＨＫの紅白歌合戦がはじまるころになると、鬼は一目散に我が家に帰っていく。そして11時30分ごろに紅白歌合戦が終ると同時に、また鬼がばっーと出てきて、夜中の１、２時までなまはげの行事が続き、やがて終る。これも日本の文化である。

男鹿半島に取材に行ったとき、じつに感動したシーンにめぐりあった。

山の上から西日を撮影しているときのことである。晦日の夕方近く、まだ空は明るくて、西日が空に沈みそうなときだった。ポンコツのやっと走れるようなバスが1台やってきた。海の近くで風が吹けばすぐにでも倒れるようなバスストップの表示のところで止まったかと思うと、たくさんの男衆がぞろぞろと降りてきた。男衆たちはみんな文明堂のカステラや草加せんべい、そして中村屋のお菓子を入れた紙袋とボストンバッグを持っていた。

かれらは東京に出稼ぎにいき、地下鉄工事に従事し、アスファルト道路を作り、そして12月31日にやっと解放されて朝の一番列車に乗って男鹿半島に帰り着いたのだ。

そこは青空が広がり西日もさしていたが、寒風で、吹きすさぶような雪が地の底から降りつけていた。男衆たちはバスを下りると、待ちわびた子どもや女房たちとおんおん嗚咽しながら抱きしめあった。まさにこうした姿こそが生活そのものなのである。

かれらはなにがしかのお金をためて、お正月を故郷で迎えるために帰ってきた。それから我が家に帰って一杯飲んで鬼面をかぶり、自分がなまはげになって生活や文化を守っているのである。

風土と生活という全体像をもって男鹿半島の「なまはげ」を捉えなければならない。観光のパンフレットや文部科学省の出来合いのパンフレットのような捉え方をしてはならない。今は観光なまはげというものがあり、所定のところへ行けば土曜日、日曜日は必ずなまはげを見ることができる。しかしそんなものは「なまはげ」ではない。

なまはげというときには、出稼ぎにいってきた男衆が故郷の土をふみしめ、かあちゃんと抱擁し、自分がもう一度素朴な生活に戻って、なまはげになっていく、そんな重要なかたちがひとつの祭りというもののなかにとりこまれているということを考えなくてはならない。それなくして祭りというものを正しく捉えることはできない。

なまはげという言葉の原形と考えられるアマメ・ナマメという言葉の分布は北陸や西日本にもいきわたっている。石川県の能登半島には今も数か所、正月の6日の夜アマミハギという天狗の面を冠った行事が行われており、「なまはげ」とまったく同じことをしている。

アマミというのは方言で、こたつの火にあたる、それをハギ、とる、つまりアマミハギは怠惰を戒める意味であると捉えることができる。

アマミハギ祭りが何処から来たのかを調べてみたところ、鹿児島県の甑島《こしき》であることがわかった。鹿児島県には上甑島、下甑島という島がある。甑は朝鮮語で、蒸す器をさしている。6、7世紀にかけての甑といわれる蒸器が日本のあちこちに出土している。

アマミハギは甑島ではトシドンというお祭りとして遺されている。トシドンは首のない馬に乗って鬼がやってくる。そして3歳前後の子どもがいる家を叩いては、出刃包丁を持って中に入り、包丁を畳に突き刺して子どもに襲いかかる。

この祭りはどこから来たのかとさらに調べてみたら、ラオスの祭りであることがわかった。ラオスではフーフナーフヌグスという祭りで、同じような行事がおこなわれていた。ラオスは海に面していない。フーフナーフヌグスは川をつたわりながら黒潮に乗って甑島に漂着し、それがまた黒潮に乗り、日本海の対馬海流に乗って能登半島に行き、さらに能登半島を北上して男鹿半島に着いたのである。戦後、男鹿半島のなまはげがテレビやラジオにとりあげられることによって、なまはげというと秋田県の祭りとして知られるようになった。

日本全土は朝鮮文化が花盛り

青森県の八戸にある新羅神社には、「えんぶり」と呼ばれる大きな祭りがある。なぜえんぶりという祭りを新羅神社でおこなっているのか、なぜ新羅神社が青森県にあるのかと不思議に思っていたところ、大変興味深いことがわかった。

岩手県の盛岡は南部鉄瓶で有名だが、なぜ南部鉄瓶というのか調べてみたところ、山梨県の南部から移動した新羅一族が盛岡あたりに定着して作り出した鉄瓶であることがわかった。新羅神社のえんぶりも新羅一族の祭りだったのだ。

日本は、朝鮮三国（高句麗、新羅、百済）文化が花盛りである。

奈良県の飛鳥川の上流には柏森集落がある。そこには、水神様を祀ってある伽耶奈留美命神社がある。昔から水のあるところにはいろいろな文化が定着してきたが、飛鳥川の上流付近は高句麗文化が栄えた。

石舞台古墳は高句麗の古墳で、しかも方墳である。このあたりには近年有名になった高松塚古墳があるが、そこから歩いて10～15分奥に入ったあたりは、朝鮮の百済文化が定着していた。

平安初頭の武将であった坂上田村麻呂もこの辺りの大和国高市郡の出身で、渡来系氏族である東漢氏の一族だった。そこは桧隈の里と呼ばれる百済渡来人のふるさとである。坂上田村麻呂は785年に従五位下となり、征東副使のひとりとして蝦夷との戦いに加わり、今の岩手県を拓いた。その後征夷大将軍となり、京都に帰ってからは清水寺を創建したことはよく知られている。

清水寺は観光旅行でもよく行くが、昔あの辺りは差別をうけた人たちが住み着いたところで、清水坂はその代表的な場所である。

埼玉県にある高麗神社には、高句麗王の一族である高麗王若光が祀られている。若光は大化改新後、日本に移住し、703年に坂上田村麻呂と同じ従五位下となり高麗王の姓を与えられた。

若光は716年（霊亀2年）に、1799人の高麗人たちと共に高麗に入った。駿河、甲斐、相模、上総、下総、常陸、下野に居住していた高麗人を呼び集めたのだ。若光の第3子である聖雲が、師である高麗僧、勝楽の冥福を祈るため、高麗山聖天院を開基している。高麗は奈良時代に高句麗の人々が大勢移り住んだところであることは間違いない。とはいえ、高麗神社は8世紀だから、遅れてやってきた朝鮮文化だと捉えねばならない。

山王祭、神田祭とともに江戸の三大祭りとして知られる浅草神社の三社祭は、3基の神輿がくりだしてにぎわう東京でももっとも大きな祭りである。

三社祭では、浅草寺の本堂に安置されている3つの神輿をかつぐが、神輿に祀ってあるご神体は、土師中知《ハジノナカトモ》、桧隈浜成《ヒノクマノハマナリ》、桧隈竹成《ヒノクマノタケナリ》の3柱で、かれらはみな朝鮮百済からの渡来人だった。名前につけられている土師というのは、大和朝廷の時代に古墳や埴輪など葬式、陵墓、土器製作などを担当した氏のことで、差別をうけた特殊な人たちだった。この人々は奈良、飛鳥の東漢人の本貫地で百済の人々が居住した檜前からやってきた。すぐ近くには桧隈大内陵とも呼ぶ、天武・持統合葬陵がある。そして欽明天皇陵、文武天皇陵、近年では高松塚古墳が発掘された土地でもある。

三社祭では、3つの神輿をかつぎ、倶利伽羅紋々の登り竜の入墨をした若い衆たちが、北斗七星の形をなぞらえながら足踏みをしてかついでいく。神輿をかつぐ職人たちは祭りを司っており、どの祭りでもひっぱりだこだそうだ。粋で人気のある男衆である。

高句麗の人々のあいだに栄えた信仰が北斗七星信仰である。古代の高句麗では、北方の空に輝く北極の星座を中宮とよんで、高句麗の人々はそれを最高の神とした。北斗七星信仰では、北極星座は天帝の住む場所と考えられ、北極星すなわち北辰は、天皇大帝の権化と信じられていた。

北朝鮮や中国ではいまでも古墳がたくさん遺されており、壁画古墳の内部には、色彩豊かな日月星辰図があって、当時の高句麗人の霊魂不滅の世界観を示している。星を描くことには、死後の世界にも霊魂だけは生きつづけるという思想が反映している。

平壌の大同江流域に位置する薬水里古墳にも、北壁には権力を示す北斗七星が描かれているし、徳花里古墳の天井にも北斗七星が描かれている。

やがて北斗七星信仰は、民間信仰として南下し、新羅、百済、そして日本列島へと伝えられた。高松塚古墳にもその形跡を見ることができる。

日本列島は、東アジアを中心とした大陸文化の吹き溜まり文化圏であるといえる。その中でも朝鮮半島と日本列島は、切っても切れない密接な関係がある。日本列島の文化の成立は、朝鮮半島の文化を抜いては考えられない。

しかも朝鮮三国文化のうえには海人族系の南方文化、ツングース系の北方文化、中国の文化が時代を経るなかで大きくうねりながら日本列島におしよせている。

日本という存在が明確になり、日本列島というものの全体像を現実に見だしたのは、つい最近のことである。江戸時代でも日本列島という全体の位置づけはなされていなかったし、北海道から沖縄までを日本とは呼んでいなかった。

では、なぜ日本は倭国と呼ばれていたのかという疑問が出てくる。私たちは倭国イコール大和朝廷だと教育されてきた。

「倭」とは、中国の史書で見た場合、夷と同義語で、手の届かぬ、遠方に住む矮小な人、または辺境に住む柔順な者、という意味が込められている。

そもそも倭というのは中国の史書に書かれている言葉で、日本の書物に出てくるわけではない。

朝鮮の『三国史記』（1145年）には、新羅とじかに国境を接した倭が存在したことを記録している。また『漢書』地理志には、楽浪、つまり半島の海中に倭人ありと、伽耶の地が明確に記述され、そこに倭人がいたことを記録している。後漢時代の書物では、中国大陸と半島に4つの倭を指摘している。そういった意味において、4世紀から5世紀までの日本列島全体は「倭国」ではなかったと捉えるべきだろう。日本では倭国とはどこにも書かれていない。

また大和朝廷などという言葉もどこにも出てこない。大和朝廷があったと想定しただけのことである。なんらかの形で朝廷といえるようなものはあっただろう。それはおそらく間違いないと思うが、当時は大和朝廷などとは決していわなかった。

倭人とはすなわち、朝鮮半島南部沿岸地帯や、その界隈の多島海、そして対馬、北九州などに居住した海上生活集団を総称したもので、かれらは海を舞台に生活し、漁労や貿易にも精通していたと考えられる。

古代において国境などという垣根はまったく存在していなかった。みんな海を媒介して文化を伝え、享受していた。たまたま権力を持つ人や勢力があらわれて、その地域を国と称して支配していったにすぎない。昔は日本列島にも100以上の国が存在していた。

文化は、日本独自に、あるいは天皇家を中心に考えてはならない。天皇を考えるときには差別を受けている八瀬童子を入れて考える、日本を考えるときは東アジア全体、さらに東南アジアも少し入れてみなくては日本を正しく捉えることができない。

日本地図を見るときに、日本を中心に見るのではなくて、逆さにして中国から日本を見れば日本の成り立ちがよくわかる。

さて、「韓国併合100年を問う」に話題を移そう。

3 「鬼に衣」――暗い闇への取材を重ねて……

1392年から500年間以上続いた朝鮮王朝と、その後の大韓帝国を滅亡させ、1910年「日・韓併合に関する条約」を作成。一方的に韓国政府に署名捺印強制。韓国の国名は廃れ、朝鮮となる。ニッポンは朝鮮総督府を首都漢城（ソウル）に創設。寺内正毅を朝鮮総督に任命。朝鮮を支配することは、明治政府の永年の切望であり、大陸進出の好機を迎えた朝鮮総督府が先ずおこなったのは、アメとムチを使い分け、親日派の政治家や朝鮮の貴族たちを経済的に優遇し、強制併合に反対した政治家、一般労働者、特に農民を徹底的に弾圧した。

1910年代を韓国の歴史辞典で調べると、総督府は行政組織を総て日本人で固め、雑役だけを朝鮮人に手伝わせた。憲兵が指揮する警察や軍隊は、朝鮮語教育を総ての学校から廃止する。その前後には、朝鮮人のよりどころとなっていた儒教式書堂《ソダン》を排撃した。朝鮮全土に1000を超していたと思われる書堂がことごとく粉砕され、漢学教育は完全に消滅した。各学校では教育勅語と日本語の普及に力がそそがれていく。

朝鮮人は日本国の天皇陛下への忠誠心を植え付けられ、各学校には天皇の写真が飾られ皇民化政策が実施された。

総督府初代学務局長、関谷貞三郎は、「朝鮮人教育の主眼はもとより彼らをして立派なる日本人たらしめ、忠良なる日本帝国民たらしむる」と、1911年の『朝鮮』誌上で述べている。つまり、朝鮮人に対して皇民化教育を徹底することで朝鮮人の日本への従属を図ったのである。

とはいえ朝鮮では1895年、日本の軍艦雲揚が無理矢理に江華水域に侵入し、朝鮮側を挑発したのが江華島事件である。

この折、あからさまな侵略行為に反日感情が一気に噴き出し、秀吉の朝鮮侵略（壬辰倭乱）とイメージが重なり、朝鮮から見ればニッポンは倭奴と呼ばれ、鬼の存在と化していった。

江華島事件は欧米諸国を刺激した。欧米のキリスト教宣教師たちはいち早く朝鮮へと入り、布教活動を活発化させた。その結果、朝鮮ではキリスト教宣教活動は、めざましい成果をあげ、近代の「奇跡」とキリスト教界で騒がれた。

一方、1910年以降になると、朝鮮国内では親戚縁者を頼り、日本人からの迫害を逃れるため満州や沿海州へと亡命した人々が多い。

1925年以後になると、朝鮮の国内から儒教や道教、天文学の知識を奪い取るため、つまり、国土や人々から気や魂を抜くため、山頂に鉄杭を打ち、神々の依代とされる場にも鉄杭を穿った。その上で、朝鮮全土に日本の神社を造営した。朝鮮には各地に「城隍堂《ソナンダン》」が数多くあった。これは村の入り口や、境界、または峠などにあって、山神を祀る民間信仰の対象で村落の守護神であった。このソナンダンを日本人は破壊し、俄仕立ての日本式神社を次々と各地に造営していった。そのことは神社参拝、宮城遥拝の強制という弾圧的な手段で、朝鮮人に天皇の赤子たる意識を植え付けるものだった。

まずソウル中央に位置する南山《ナムサン》に、官幣大社朝鮮神宮を建て、以来朝鮮全域に1141の大小の神社を建立した。キリスト教の団体はこれに反対し、デモに突入したが、2000人が投獄され、そのうちの50人の牧師が獄死した。

1939年「朝鮮民事令改正」という布告をうけ、1940年代に入ると「創氏改名」が実施され、総ての人々は日本姓となる。この前後から朝鮮人強制連行、強制労働が活発化していくが、これは『百萬人の身世打鈴《シンセタリョン》―朝鮮人強制連行・強制労働の「恨《ハン》」』(東方出版)において7年かけ、編集委員で纏めた著作があるので是非、それを参考にしていただきたい。

ここで注目したいのは「色服事件」である。文化潰しの中でも、もっとも悲惨な出来事であった。元来、朝鮮民族は無彩色の白色の着衣を好んだ。その代表がチマ・チョゴリ、パジ・チョゴリ、そして外出着となるトゥルマギだった。日本は同化政策を強要するため、白衣着用を禁止した。しかし朝鮮人らは白衣着用が常識で、洋服を纏うことには抵抗した。

そこで日本人が考案したのが、白衣着用者に墨汁をぶっかけることだった。町や村里の辻々で白衣の者に出会うと、日本人の手先となった朝鮮人らは、ドラム缶やゴムチューブに入った墨汁を容赦なく彼らに浴びせた。

これが各地で勃発した「色服事件」である。1935年5月10日の「東亜日報」紙の李無影氏の寄稿記事によれば、つぎのように記されている。

午後3時に進水市場に戻り、昼食をとろうとあちこち物色していたところ、ちょうど目の前の金融組合の中で洋服を着た男が一人の農民の襟クビをつかんでひきずりだしていた。

事情を聞いてみたら、白衣を着ていたからだという。白衣を着ているものは、郡であれ面であれ、金融組合のようなところには絶対出入りを禁じているとのことであった。果たして出入り門に、「白衣を着ているものは、この中への出入りを厳禁す！」と、大きな張り紙が張られていた。

「まさか！」と思ったのは私のおろかな頭。昼食をとっている店で、白い周衣《トゥルマギ》を着た人の背中にコウノトリの脚のように墨が塗られているのが眼についた。大きな墨印まで押されてあった。これが白衣を着た天罰だとすれば、誰が笑わずにおられようか？

朝鮮人が白衣を着ているために貧しいのであろうか？とくに葬儀や秋夕《チュソク》（旧暦のお盆）には白衣着用が正装となる。そんな儀式の場にさえ、墨汁が持ち込まれ、会場で撒き散らされた。

1905年、ソウルに総監府が設置されると、日本の商人や実業家たちがこぞって朝鮮に飛び込んできた。それは一稼ぎを狙った訳だが、彼らは日本官憲の庇護下で金になる骨董品を次々に略奪したのだった。阿弥陀如来坐像、釈迦三尊像、仏教画、高麗青磁、李朝白磁、李朝青磁など、手当たり次第に略奪した。

略奪された不法文化財は、約6万点以上を数えている。解放後、「返還交渉文化委員会」が設置され、韓国から返還要求が出された。その一部は返還されたが多くの文化財は、今も日本の公共博物館や大学の図書館に所蔵されたままとなっている。

また、日本が朝鮮半島を侵略した1910年代には、「日朝同祖論」という理論を建て、「任那日本府」があたかも存在したかのように説き、そのことを実証しようと伽耶の古墳群をことごとく発掘調査した。池山洞古墳群では、主な古墳を1917年以後、日本人の手で発掘。そこからの出土遺物を20台のトラックで、会川のチサ里という船着場へ運び、そこから船に積み込み、洛東江へ出て釜山に遺物をあつめ、釜山から日本へと持ち去った。

この日本人による発掘は、金海伽耶から始められ、半島へ進出した財界人の宝探しと学術的な調査が同時進行し、盗掘となんら変わらぬ行為が繰り返された。最初は南部海岸地域、それから内陸部さらに洛東江を上って伽耶全域に、そして伽耶以外の土地へと発掘を展開した。

それらの地域を調べると、高霊、達城、星州、善山、咸安、昌寧、金泉、慶州、栄州、安東、大邱、陜川、泗川、統営、東莱、密陽、梁山といった17地域である。これらの地域の古墳はことごとく解体され、貴重な遺物が被害に遭い、そのため韓国の学者は出土品を通しての研究もおこなえないという悲惨な状況が今も続いている。

韓国で近年編纂された『日帝期文化財被害資料』及び『対日請求韓国芸術品目録』にはそれらの状況が仔細に記録されている。これら数多くの遺物は、東京大学博物館、京都大学博物館、そして東京国立博物館に「小倉コレクション」として保存されている。「小倉コレクション」とは、戦前に南鮮合同電気会社社長だった小倉武之助氏が伽耶古墳から遺物を収集したものが中心になっている。考古学と軍部、そして小倉という財界人が一体となって、懸命に「任那日本府」存在論を立証しようと伽耶古墳を片っ端からひっくり返したわけだが、改竄された歴史を立証することは不可能だった。結果的には朝鮮の文化を破壊し、その恨《ハン》を買うことになった。

日本の植民地支配とは、具体的に言えば朝鮮民族文化の壊滅を図ることであり、それがため自然風土や民俗の生活習慣、さらには歴史と信仰、そして人々の心までを踏みにじることだった。
アリラン峠にはムグンファ（木槿《ムクゲ》）が薫り、チンダルレ（ツツジ）が咲き乱れているのに、そこには鞭が舞っていた……。

【参考資料】
前田憲二『渡来の祭り渡来の芸能——朝鮮半島に源流を追う』（岩波書店）
宮田節子『韓国併合』日本百科全集（小学館）
コリア研究所訳『消された言語（社会篇）』（未来社）
前田憲二「伽耶は倭国だった——任那日本府は存在しない」（『倭族と古代日本』、雄山閣）
「百萬人の身世打鈴」編集委員編『百萬人の身世打鈴——朝鮮人強制連行・強制労働の「恨」』（東方出版）
金恩正ほか著・朴孟洙監修『東学農民革命１００年』（つぶて書房）
和田春樹『日露戦争——起源と開戦』（上）（岩波書店）
諏訪春雄編『倭族と古代日本』（雄山閣）

■「韓国併合」略年表

1863年（文久3・哲宗14）12 李朝26代王に高宗が即位。王の正父の大院君が実権をにぎった

1864年（元治1・高宗1）4 東学の創始者・崔済愚らが「衛正斥邪」（正学〔朱子学〕擁護・邪教排斥）政策に反したとして処刑される。その後キリスト教に対する弾圧もおこなわれた

1866年（慶応2・高宗3）7 アメリカ商船が大同江に侵入し、開国通商を求めたが焼き打ちされる／8 フランス極東艦隊の軍艦が「神父殺害者の処罰と開国」を求め江華島に侵入するが撃退される（丙寅洋擾）

1868年（明治1・高宗5）12 日本の「王政復古」を通告する書契（文書）が大院君政権に届けられたが、「皇」「勅」の文字が格式に反するとして受理を拒否

1871年（明治4・高宗8）4 アメリカのアジア艦隊の軍艦が江華島に上陸したが、朝鮮側の抗戦・鎖国維持（斥和）政策のため撤退（辛未洋擾）／9 領事の駐在や裁判権を相互に認めた日清修好条規・通商章調印

1873年（明治6・高宗10）10 日本「征韓論」をめぐる対立で、西郷隆盛・板垣退助ら5参議が下野（明治6年10月政変）／12 高宗と王妃閔氏が国王の親政を開始して、大院君を政権から追放

1874年（明治7・高宗11）10 琉球漂流民殺害事件を契機に、日本が台湾に出兵

1875年（明治8・高宗12）9 日本軍艦「雲揚」が江華島を砲撃し、永宗島の砲台を占領する（江華島事件）

1876年（明治9・高宗13）　2　清国との宗属関係の否定、日本の領事裁判権、釜山ほか2港の開港などをもった日朝修好条規調印（江華条約）／8　日朝修好条規付録、「通商章程」を調印

1879年（明治12・高宗16）　4　日本、琉球藩を廃止し沖縄県を設置（琉球処分）

1882年（明治15・高宗19）　5　朝米修好通商条約調印。その後朝英仁川条約・朝独修好通商条約調印など／7　攘夷を主張する大院君派によるクーデタ（壬午軍乱）が起こされたが、閔氏政権が鎮圧、復活した。日清両国があいついで出兵／8　軍乱首謀者の処刑と賠償、日本軍の漢城駐兵を定めた済物浦条約および内地旅行・通商権などを規定した日朝修好条規続約を調印

1883年（明治16・高宗20）　1　日朝修好条規にもとづく仁川開港がおこなわれる

1884年（明治17・高宗21）　12　独立党（親日派）の金玉均・朴泳孝らがクーデタ（甲申政変）を起こしたが、事大党の閔氏政権（親清派）が反撃、金らは日本へ亡命

1885年（明治18・高宗22）　1　朝鮮の謝罪と賠償、公使館護衛のための日本軍駐留を定めた漢城条約調印／3　福沢諭吉が『時事新報』に「脱亜論」を発表／4　日清両国の朝鮮からの撤兵、派兵時の相互事前通告を定めた天津条約調印

1889年（明治22・高宗26）　5　黄海道で防穀令（米・大豆の対日輸出禁止）施行。のちに咸鏡道などにも拡大施行。翌年、解除される

1891年（明治24・高宗28）　12　朝鮮政府に防穀損害賠償要求（防穀令事件）がなされ、日本に対して賠償金を支払わされた

1894年（明治27・高宗31）　2　「斥和斥洋」を唱える東学党幹部・全琫準らが指導する甲午農民戦争が全羅道を舞台に起きる（甲午農民戦争の第1次蜂起）／6　朝鮮政府、清国に反乱鎮圧のための援兵を要請。ついで日本軍も朝鮮に出兵。農民軍は政府側と全州和約を結んで、いったん

戦いを収束／7　日本、朝鮮政府に内政改革案を提議したが拒否され、軍が王宮を占領し大院君を摂政にすえる（甲午政変）。忠清道北方海上で、日本艦隊が清国艦隊を攻撃（豊島沖の海戦）、日清戦争の戦端が開かれる。親日派の金弘集政権が樹立され、合同条款を結んで内政干渉を強め、日本軍の軍事行動を合法化する（甲午改革のはじまり）／8　日清両国が互いに宣戦を布告する／9　日本軍、平壌を攻略、黄海海戦／10　農民軍が各地で再蜂起し、日本軍・政府軍と激戦を展開する（甲午農民戦争の第2次蜂起）／12　農民軍が公州南方で敗退し、指導者の全琫準が捕らわれて処刑される

1895年（明治28・高宗32）　4　清国が朝鮮の独立認可、遼東半島・台湾などの割譲、賠償金を定めた日清講和条約調印（下関条約）。ロシア、ドイツ、フランスの三国干渉で遼東半島返還／10　日本公使三浦梧楼らがはかり、閔妃を景福宮の寝室で殺害（閔妃事件・乙未事変）

1896年（明治29・高宗33）　1　「衛正斥邪」派の在地両班の指導で、断髪令への反発、国母（王后）殺害の復讐を唱えて、各地で反日の義兵闘争が起こる（乙未義兵）／2　親露派が高宗をロシア公使館に移し（露館播遷）クーデタを決行、金弘集政権を倒す／6　朝鮮財政に関する勧告・援助、電信線の占有・建設に関する事項などをもった山県・ロバノフ協定を締結する

1897年（明治30・高宗34）　7　李完用らが政治結社「独立協会」を結成し、自主独立・文明開化・富国のための活動をはじめる／10　高宗が清国の宗主関係を否定し、朝鮮の国号を大韓帝国（韓国）に改称する

1898年（明治31・高宗35）　4　韓国の完全なる独立の承認、ロシアの旅順・大連などの租借権を認めることとひきかえに、日本の韓国での商工業の発展を承認するなどをとり決めた西・ローゼン議定書を締結する

1900年（明治33・高宗37）　2　中国で義和団の乱が拡大し、列強の連合軍として日本軍も出兵、ロシアの満州占領に対抗して、伊藤博文らによって「満韓交換」の日露協商論が提起される

1901年（明治34・高宗38）　6　対露強硬方針の桂太郎内閣が、政綱に韓国保護国化を掲げる

1902年（明治35・高宗39）　1　中国でのイギリスの利益、中国・朝鮮での日本の利益擁護のための共同行動などを規定した第1回日英同盟条約調印

1903年（明治36・高宗40）　9　韓国皇帝、日露開戦の際の韓国の局外中立を要請する

1904年（明治37・高宗41）　2　日本、御前会議で対露開戦決定。局外中立を宣言する韓国政府の意向を無視して、鎮海湾とソウルを占領。仁川沖・旅順口でロシア艦を攻撃ののち、対露宣戦布告。韓国内の日本の軍事行動への便宜供与・施設改善などを規定した日韓議定書を調印させる／3　韓国駐剳軍司令部を設置して、漸次増強、韓国の軍事支配を強める／5　日本政府、閣議で対韓方針・施設綱領を決定し、韓国の保護の実権を確立する／8　日本政府推薦の財政・外交顧問の設置を定めた第1次日韓協約を調印

1905年（明治38・高宗42）　1　日本、竹島領有を決定する。日本貨幣の韓国内流通が公認され、日本による金融支配が確立される／4　日本政府の閣議で、外交権を奪って保護国とする韓国保護権確立方針を決定する／5　日本海海戦で、日本連合艦隊がロシア最大のバルチック艦隊に壊滅的打撃を与える。戦時輸送をめざした京釜鉄道が全線開通する。翌年の春には京義線が全線開通し、釜山から新義州にいたる縦貫鉄道が完成／6　日本の外相の要請をうけたアメリカ大統領、日露両国に講和を勧告する／7　アメリカとの桂・タフト協定で、日本の韓国保護国化を承認させる／8　第2回日英同盟で韓国の保護国化をイギリスに認めさせる／9　韓国における日本の政治、軍事、経済上の卓越した利益、日本の指導監督権などを定めた日露講和条約

（ポーツマス条約）が調印される／10　日本政府、韓国保護権確立実行に関する閣議決定をおこなう／11　伊藤博文を特派大使として韓国に派遣、韓帝に保護国承認を強要し、第2次日韓協約（乙巳条約）を強制調印する。保護条約反対の義兵闘争が起き、漢城の民衆が学部大臣・李完用邸を焼き打ちするなどの事件が起こる／12　韓国統監府および理事庁官制公布、伊藤博文が統監に任命される

1906年（明治39・高宗43）　2　韓国統監府が開庁され、まもなく初代統監の伊藤博文が着任する／5　閔宗植、崔益鉉らが次々に挙兵するが、日本軍に敗れる

1907年（明治40・純宗1）　6　韓帝、第2回万国平和会議に保護条約の無効を訴える密使3人を派遣したが、会議への参加を拒否される（ハーグ密使事件）／7　日本政府、高宗に退位を強要し、純宗を即位させることを決定。韓国の内政権を接収し、韓国軍隊の解散などをもった第3次日韓協約（丁未7条約）が調印される／8　第27代皇帝純宗の即位式と改元がおこなわれる。原州鎮衛隊・江華島分遣隊などが軍隊解散に反対して蜂起する（丁未義兵闘争）／12　李麟栄ら義兵が決起し、楊州で1万人が集結のうえ上京をめざしたが鎮圧される。こののち救国と独立をめざす武装義兵闘争が大きく高揚する／10　顧問警察、理事長警察を韓国政府の警察に統合し、警察署と警察官を増員する警察事務執行に関する取極書調印する（警察合併）／11　純宗が、高宗の王宮だった徳寿宮から昌徳宮に遷る

1908年（明治41・純宗2）　9　日本政府、満鉄調査部を設置し満州進出政策を積極化する／12　朝鮮の土地開発を目的とした国策会社としての東洋拓殖会社が漢城に設立され、経済侵略がより本格化する

1909年（明治42・純宗3）　4　保護国論を持論としていた伊藤統監、日本政府の韓国併合方針に同意

／6　伊藤統監が辞任し、曽禰荒助が第2代統監に就任する／7　日本政府、閣議で韓国併合方針を決定し、韓国司法・監獄事務委託に関する日韓覚書、韓国中央銀行に関する日韓覚書が次つぎに調印される／9　日本軍、全羅南道方面の義兵軍を鎮圧して以降、全土で掃討作戦を展開する／10　伊藤博文、ハルビン駅頭で愛国啓蒙運動家の安重根に射殺される／12　親日派の一進会が、皇帝・統監に「韓国合邦」上奏文・上申書を提出するが却下される。大韓協会ほか愛国啓蒙の諸団体が一進会を非難するなど、併合反対運動が激烈に展開される

1910年（明治43・純宗4）　5　陸軍大臣の寺内正毅が陸相のまま第3代韓国統監に任命される／6　予想される併合反対の争乱に備え、警備体制の強化をうたった韓国警察事務委託に関する日韓覚書が調印される（憲兵警察制）／7　日本政府、併合条約案等を閣議で決定する／8　寺内統監が李完用首相に併合に関する覚書を手交ののち、韓国閣議で併合条約調印を了承（18日）。韓国併合に関する条約が調印される（22日）。併合条約が公布され、即日施行、同時に韓国併合に関する詔書が発表される（29日）／9　朝鮮総督府官制が公布され、統監にかわって設けられた初代朝鮮総督には、現役陸海軍大将の寺内正毅が任命される。総督府に臨時土地調査局を設け、土地所有権とその価格を確定するため土地調査事業が開始される

1911年（明治44）　4　朝鮮土地収用令が制定される／8　同化教育推進のための朝鮮教育令が公布される

1919年（大正8）　3　日帝支配に反対して「独立万歳！」を叫ぶ3・1独立運動が朝鮮全土でくり広げられる（中国では5・4運動が展開される）／4　李承晩らにより、上海で大韓民国臨時政府がつくられる／8　斎藤実が朝鮮総督になり、従前の武断統治にかわる文化政治をはじめる

1923年（大正12）9 関東大震災で「朝鮮人暴動」との流言蜚語を契機に、在日朝鮮人が大量虐殺される

1925年（大正14）4 ソウルで朝鮮共産党創立されるが、治安維持法下の弾圧で3年後に解散させられる

1929年（昭和4）1 日本人監督の暴行事件をきっかけに、元山の埠頭で1400名以上の労働者が参加して3か月にわたってストライキがおこなわれる／11 光州の日朝学生間に起こった民族差別事件に対して、抗議運動が全国化する（光州学生事件）

1930年（昭和5）5 間島省で反日・反地主5・30蜂起が起きるが、日本軍も出動して弾圧、農民らを大量逮捕し、うち20名余を死刑にする

1936年（昭和11）5 満州・間島省を中心に、民族統一戦線による抗日パルチザン闘争が激化する／8 ベルリン・オリンピックのマラソンで孫基禎が優勝したが、「東亜日報」「中央日報」はユニフォームの日の丸を消した写真を掲載して抗議の意思表示をおこなう

1937年（昭和12）10 南次郎総督「皇国臣民の誓詞」を制定し、皇民化攻撃が強まる

1939年（昭和14）11 「朝鮮総督令第19号」で創氏改名を強制。このころから日本への朝鮮人強制連行が急速に増える

1942年（昭和17）10 「正しい朝鮮語使用とハングルの普及活動」をおこなう朝鮮語学会を治安維持法違反で弾圧する（朝鮮語学会事件）

1944年（昭和19）4 「内鮮融和」の名のもとに徴兵制を朝鮮にも適用する

1945年（昭和20）8 日本敗戦（ポツダム宣言受諾）、朝鮮解放（光復）なる。38度線を境に米ソの分割管理下におかれる

1946年（昭和21） 2　北に臨時人民委員会成立（金日成委員長）、南で民主主義民族戦線結成、反米闘争はじまる

1947年（昭和22） 5　「外国人登録令」（勅令207号）が公布・施行され在日朝鮮人は、日本国籍を失う

1948年（昭和23） 4　済州島で、南北統一国家の樹立をめざす島民の運動に対するテロ・弾圧に抗して、武装蜂起が起きる（済州島4・3事件）。平壌で、南北朝鮮の政党・社会団体の代表が一堂に会し、南北連席会議をおこない統一をアピール／5　米軍政下の南朝鮮だけで単独選挙が強行される／8　大韓民国が成立する（李承晩大統領）／9　朝鮮民主主義人民共和国が成立する（金日成首相）

1950年（昭和25） 1　韓米軍事援助協定が締結される／6　朝鮮人民軍が38度線をこえて南進、ソウルを占領する（朝鮮戦争勃発）／8　韓国政府、釜山に臨時遷都する／9　国連軍が仁川上陸し、ソウルを奪回する／10　中国人民義勇軍が朝鮮戦争に参戦する

1953年（昭和28） 7　板門店で朝鮮戦争休戦協定が調印される／10　韓米相互防衛条約が締結される

1959年（昭和34） 12　在日朝鮮人の北朝鮮への帰国事業がはじまる（～84年）

1960年（昭和35） 4　韓国4・19学生革命で、李承晩政権が打倒され、張勉内閣が発足する

1961年（昭和36） 5　朴正煕らが軍事クーデタを起こす（63年　朴大統領）

1964年（昭和39） 6　韓国で学生を中心に韓日条約反対闘争が激化する

1965年（昭和40） 6　「日韓条約」（「日韓基本条約」と「請求権及び経済協力協定」「漁業協定」「在日韓国人の法的地位及び待遇に関する協定」「文化財及び文化協力に関する協定」の4協定）が調印される

1968年（昭和43） 1 北朝鮮ゲリラ、韓国大統領官邸襲撃を企図。米国家安全保障局の情報収集艦プエブロ号が、北朝鮮警備艇によって拿捕される
1969年（昭和44） 10 朴大統領、韓国大統領の3選を禁じた憲法を改正する国民投票を実施する
1971年（昭和46） 4 韓国大統領選挙が行われ、新民党候補の金大中が善戦する
1972年（昭和47） 7 自主的平和統一をうたった7・4南北共同声明が発表される／9 ソウルの朝鮮ホテルで開かれた南北赤十字会談で、離散家族の再会問題などの議題が話し合われ、合意する／10 朴大統領が非常戒厳令を宣布し、「維新体制」と銘打った独裁政治を強行
1973年（昭和48） 8 東京でKCIAによる金大中拉致事件が起きる／11 日本と韓国の政府間で、金大中の身の安全の保証と真相の究明をおこなわないことを確認し「政治決着」がはかられた
1974年（昭和49） 4 朴大統領は、全国民主青年学生総連盟と関連する活動をいっさい禁止する「緊急措置4号」を宣布し、民主化闘争活動家を大量逮捕した（民青学連事件）／8 ソウルの光復節の記念式典会場で、在日の文世光が朴大統領を狙撃、暗殺をはかる
1975年（昭和50） 1 在野民主団体によって構成された民主守護国民協議会が、署名運動などをとおして維新憲法撤廃と民主回復を求める
1976年（昭和51） 3 韓国民主勢力が朴大統領退陣などを求める「3・1民主救国宣言」を発表する
1977年（昭和52） 3 ソウルで平和市場の労働者たちが「労働者人権宣言」を発し、闘いに決起する
1978年（昭和53） 3 韓国民主勢力が「3・1民主宣言」を発表する。米韓合同軍事演習「チーム・スピリット78」が開始される
1979年（昭和54） 10 朴大統領が韓国中央情報部長に射殺され、崔圭夏が大統領代行に就任する
1980年（昭和55） 5 全斗煥将軍のクーデタで韓国全土に戒厳令がしかれ、光州でそのクーデタに抗

する学生・市民のデモを軍隊が弾圧、おびただしい数の死者が出る
1982年（昭和57） 10 ラングーンで爆発事件が起き、韓国とビルマ（現ミャンマー）政府要人が多数死傷し、ビルマは北朝鮮と断交する
1983年（昭和58） 11 北朝鮮によって、日本漁船（第18富士山丸）が拿捕され、船長と機関長がスパイ容疑で勾留される
1984年（昭和59） 9 全斗煥大統領が韓国国家元首として公式訪問し、天皇主催の晩餐会で両国の友好と発展のために乾杯する
1987年（昭和62） 6 民主革命なる／大統領直選制復活／11 ミャンマー沖上空で大韓航空機が消息を絶つ（大韓航空機爆破事件）
1988年（昭和63） 9 ソウルオリンピックが開催され、日本の竹下首相が開会式に出席する
1990年（平成2） 5 盧泰愚大統領が訪日し、国会で演説をする／9 自民党と社会党の北朝鮮訪問団が、植民地支配を謝罪し国交正常化にむけて動きはじめる
1991年（平成3） 9 国連への南北同時加盟が達成される／11 元従軍慰安婦の女性や元軍人・軍属らが、日本政府を相手どってアジア太平洋戦争韓国人犠牲者補償請求裁判（戦後補償）を東京地裁に提訴する
1992年（平成4） 1 朝鮮半島の非核化に関する共同宣言に南北政府が調印する
1993年（平成5） 8 慰安婦問題に関する河野洋平官房長官談話
1994年（平成6） 6 北朝鮮、ＩＡＥＡ（国際原子力機関）を脱退する／7 金日成主席が死去する／10 北朝鮮が核開発を凍結するとした米朝間のジュネーブ協定が締結される
1995年（平成7） 6 衆議院で戦後50年決議採択／7 慰安婦問題への取りくみとして日本政府、

アジア女性基金設立／8　戦後50年村山富市総理談話
1997年（平成9）　10　北朝鮮、金正日が労働党総書記に就任する
1998年（平成10）　2　韓国で金大中大統領が就任し、「太陽政策」をかかげる／8　北朝鮮、中距離弾道ミサイル・テポドン1号を発射する／10　金大中大統領が来日する。同時期、韓国での日本の大衆文化の開放がおこなわれる
2000年（平成12）　6　韓国の金大中大統領と北朝鮮の金正日総書記による初の南北首脳会談がおこなわれる（南北共同宣言）
2002年（平成14）　6　日韓共催によるＦＩＦＡサッカー・ワールドカップが開催される／9　小泉首相、日本の首相としてはじめて訪朝、日朝平壌宣言を発表。北朝鮮が、日本人拉致事件を認める／10　5人の日本人拉致被害者が帰国する
2003年（平成15）　2　韓国で盧武鉉大統領が就任し、南北対話の「太陽政策」を継続することを明らかにする／8　韓朝中日米露による6者協議が開始される
2004年（平成16）　10　小泉首相再訪朝／日本人拉致被害者の家族8人が帰国する
2005年（平成17）　9　6者協議共同声明
2006年（平成18）　7　北朝鮮、テポドン2号を含むミサイル発射実験をおこなう／10　北朝鮮、地下核実験を強行する／日本政府、対北制裁
2010年（平成22）　3　朝鮮半島西方沖の黄海海上で、韓国海軍の哨戒艦「天安」が沈没する／8　韓国併合100年菅直人総理談話

「韓国併合」関連資料

1 日清講和条約〔下関条約〕抜粋（1895〔明治28〕年4月17日、下関で調印）

第一条　清国ハ朝鮮国ノ完全無欠ナル独立自主ノ国タルコトヲ確認ス因テ右独立自主ヲ損害スヘキ朝鮮国ヨリ清国ニ対スル貢献典礼等ハ将来全ク之ヲ廃止スヘシ

第二条　清国ハ左記ノ土地ノ主権並ニ該地方ニ在ル城塁、兵器製造所及官有物ヲ永遠日本国ニ割与ス

一　左ノ経界内ニ在ル奉天省南部ノ地……遼東湾東岸及黄海北岸ニ在テ奉天省ニ属スル諸島嶼

二　台湾全島及其ノ附属諸島嶼

三　澎湖列島即英国「グリーンウィチ」東経百十九度乃至百二十度及北緯二十三度乃至二十四度ノ間ニ在ル諸島嶼

第四条　清国ハ軍費賠償金トシテ庫平銀二億両ヲ日本国ニ支払フヘキコトヲ約ス……

（www.ioc.u-tokyo.ac.jp/~worldjpn/documents/texts/pw/18950417.T1J.html）

2 日韓議定書（1904年2月23日、京城で調印）

第一条　日韓両帝国間ニ恒久不易ノ親交ヲ保持シ東洋ノ平和ヲ確立スル為メ大韓帝国政府ハ大日本帝国政府ヲ確信シ施設ノ改善ニ関シ其忠告ヲ容ルル事

第二条　大日本帝国政府ハ大韓帝国ノ皇室ヲ確実ナル親誼ヲ以テ安全康寧ナラシムル事

第三条　大日本帝国政府ハ大韓帝国ノ独立及領土保全ヲ確実ニ保証スル事
第四条　第三国ノ侵害ニ依リ若クハ内乱ノ為メ大韓帝国ノ皇室ノ安寧或ハ領土ノ保全ニ危険アル場合ハ大日本帝国政府ハ速ニ臨機必要ノ措置ヲ取ルヘシ而シテ大韓帝国政府ハ右大日本帝国政府ノ行動ヲ容易ナラシムル為メ十分便宜ヲ与フル事
大日本帝国政府ハ前項ノ目的ヲ達スル為メ軍略上必要ノ地点ヲ臨機収用スルコトヲ得ル事
第五条　両国政府ハ相互ノ承認ヲ経スシテ後来本協約ノ趣意ニ違反スヘキ協約ヲ第三国トノ間ニ訂立スル事ヲ得サル事
第六条　本協約ニ関連スル未悉ノ細条ハ大日本帝国代表者ト大韓帝国外部大臣トノ間ニ臨機協定スル事
（www.ioc.u-tokyo.ac.jp/˜worldjpn/documents/texts/pw/19040223.T1J.html）

3　第1次日韓協約（1904年8月22日、京城で調印）

一　韓国政府ハ日本政府ノ推薦スル日本人一名ヲ財務顧問トシテ韓国政府ニ傭聘シ財務ニ関スル事項ハ総テ其意見ヲ詢ヒ施行スヘシ
一　韓国政府ハ日本政府ノ推薦スル外国人一名ヲ外交顧問トシテ外部ニ傭聘シ外交ニ関スル要務ハ総テ其意見ヲ詢ヒ施行スヘシ
一　韓国政府ハ外国トノ条約締結其他重要ナル外交案件即外国人ニ対スル特権譲与若クハ契約等ノ処理ニ関シテハ予メ日本政府ト協議スヘシ
（www.ioc.u-tokyo.ac.jp/˜worldjpn/documents/texts/pw/19040822.T1J.html）

4　日露講和条約〔ポーツマス条約〕抜粋（1905年9月5日、ポーツマスで調印）

第一条　日本国皇帝陛下ト全露西亜国皇帝陛下トノ間及両国並両国臣民ノ間ニ将来平和及親睦アルヘシ

第二条　露西亜帝国政府ハ日本国カ韓国ニ於テ政事上、軍事上及経済上ノ卓絶ナル利益ヲ有スルコトヲ承認シ日本帝国政府カ韓国ニ於テ必要ト認ムル指導、保護及監理ノ措置ヲ執ルニ方リ之ヲ阻礙シ又ハ之ニ干渉セザルコトヲ約ス

韓国ニ於ケル露西亜国臣民ハ他ノ外国ノ臣民又ハ人民ト全然同様ニ待遇セラルヘク之ヲ換言スレハ最恵国ノ臣民又ハ人民ト同一ノ地位ニ置カルヘキモノト知ルヘシ

両締約国ハ一切誤解ノ原因ヲ避ケムカ為露韓間ノ国境ニ於テ露西亜国又ハ韓国ノ領土ノ安全ヲ侵迫スル事アルヘキ何等ノ軍事上措置ヲ執ラサルコトニ同意ス

第三条　日本国及露西亜国ハ互ニ左ノ事ヲ……

（www.ioc.u-tokyo.ac.jp/~worldjpn/documents/texts/pw/19050905.T1J.html）

5　第2次日韓協約〔乙巳保護条約〕（1905年11月17日、京城で調印）

日本国政府及韓国政府ハ両帝国ヲ結合スル利害共通ノ主義ヲ鞏固ナラシメンコトヲ欲シ韓国ノ富強ノ実ヲ認ムル時ニ至ル迄此目的ヲ以テ左ノ条款ヲ約定セリ

第一条　日本国政府ハ在東京外務省ニ由リ今後韓国ノ外国ニ対スル関係及事務ヲ監理指揮スヘク日本国ノ外交代表者及領事ハ外国ニ於ケル韓国ノ臣民及利益ヲ保護スヘシ

第二条　日本国政府ハ韓国ト他国トノ間ニ現存スル条約ノ実行ヲ全フスルノ任ニ当リ韓国政府ハ今後日本国政府ノ仲介ニ由ラスシテ国際的性質ヲ有スル何等ノ条約若ハ約束ヲナササルコトヲ約ス

第三条　日本国政府ハ其代表者トシテ韓国皇帝陛下ノ闕下ニ一名ノ統監（レヂデントゼネラル）ヲ置ク統監ハ専ラ外交ニ関スル事項ヲ管理スル為メ京城ニ駐在シ親シク韓国皇帝陛下ニ内謁スルノ権利ヲ有ス日本国政府ハ又韓国ノ各開港場及其他日本国政府ノ必要ト認ムル地ニ理事官（レヂデント）ヲ置クノ権利ヲ有ス理事官ハ統監ノ指揮ノ下ニ従来在韓国日本領事ニ属シタル一切ノ職権ヲ執行シ并ニ本協約ノ条款ヲ完全ニ実行スル為メ必要トスヘキ一切ノ事務ヲ掌理スヘシ

第四条　日本国ト韓国トノ間ニ現存スル条約及約束ハ本協約ノ条款ニ抵触セサル限総テ其効力ヲ継続スルモノトス

第五条　日本国政府ハ韓国皇室ノ安寧ト尊厳ヲ維持スルコトヲ保証ス

（www.ioc.u-tokyo.ac.jp/~worldjpn/documents/texts/pw/19051117.T1J.html）

6　第3次日韓協約（1907年7月24日、京城で調印）

日本国政府及韓国政府ハ速ニ韓国ノ富強ヲ図リ韓国民ノ幸福ヲ増進セムトスルノ目的ヲ以テ左ノ条款ヲ約定セリ

第一条　韓国政府ハ施政改善ニ関シ統監ノ指導ヲ受クルコト

第二条　韓国政府ノ法令ノ制定及重要ナル行政上ノ処分ハ予メ統監ノ承認ヲ経ルコト

第三条　韓国ノ司法事務ハ普通行政事務ト之ヲ区別スルコト

第四条　韓国高等官吏ノ任免ハ統監ノ同意ヲ以テ之ヲ行フコト

第五条　韓国政府ハ統監ノ推薦スル日本人ヲ韓国官吏ニ任命スルコト

第六条　韓国政府ハ統監ノ同意ナクシテ外国人ヲ傭聘セサルコト

第七条　明治三十七年八月二十二日調印日韓協約第一項ハ之ヲ廃止スルコト

（www.ioc.u-tokyo.ac.jp/~worldjpn/documents/texts/pw/19070724.T1J.html）

7 韓国併合条約（1910年8月22日、漢城で調印）

韓国併合ニ関スル条約
日本国皇帝陛下及韓国皇帝陛下ハ両国間ノ特殊ニシテ親密ナル関係ヲ顧ヒ相互ノ幸福ヲ増進シ東洋ノ平和ヲ永久ニ確保セムコトヲ欲シ此ノ目的ヲ達セムカ為ニハ韓国ヲ日本帝国ニ併合スルニ如カサルコトヲ確信シ茲ニ両国間ニ併合条約ヲ締結スルコトニ決シ之カ為日本国皇帝陛下ハ統監子爵寺内正毅ヲ韓国皇帝陛下ハ内閣総理大臣李完用ヲ各其ノ全権委員ニ任命セリ因テ右全権委員ハ会同協議ノ上左ノ諸条ヲ協定セリ

第一条　韓国皇帝陛下ハ韓国全部ニ関スル一切ノ統治権ヲ完全且永久ニ日本国皇帝陛下ニ譲与ス
第二条　日本国皇帝陛下ハ前条ニ掲ケタル譲与ヲ受諾シ且全然韓国ヲ日本帝国ニ併合スルコトヲ承諾ス
第三条　日本国皇帝陛下ハ韓国皇帝陛下太皇帝陛下皇太子殿下並其ノ后妃及後裔ヲシテ各其ノ地位ニ応シ相当ナル尊称威厳及名誉ヲ享有セシメ且之ヲ保持スルニ十分ナル歳費ヲ供給スヘキコトヲ約ス
第四条　日本国皇帝陛下ハ前条以外ノ韓国皇族及其ノ後裔ニ対シ各相当ノ名誉及待遇ヲ享有セシメ且之ヲ維持スルニ必要ナル資金ヲ供与スルコトヲ約ス
第五条　日本国皇帝陛下ハ勲功アル韓人ニシテ特ニ表彰ヲ為スヲ適当ナリト認メタル者ニ対シ栄爵ヲ授ケ且恩金ヲ与フヘシ
第六条　日本国政府ハ前記併合ノ結果トシテ全然韓国ノ施政ヲ担任シ同地ニ施行スル法規ヲ遵守スル韓人ノ身体及財産ニ対シ十分ナル保護ヲ与ヘ且其ノ福利ノ増進ヲ図ルヘシ
第七条　日本国政府ハ誠意忠実ニ新制度ヲ尊重スル韓人ニシテ相当ノ資格アル者ヲ事情ノ許ス限リ韓国ニ於ケル帝国官吏ニ登用スヘシ

第八条　本条約ハ日本国皇帝陛下及韓国皇帝陛下ノ裁可ヲ経タルモノニシテ公布ノ日ヨリ之ヲ施行ス

（www.weblio.jp/content/ 日韓併合条約）

8　3・1独立運動宣言文

朝鮮独立宣言書

われらは、ここにわが朝鮮の独立と、朝鮮人民の自由民たることを宣言する。これをもって世界万邦に告げ、人類平等の大義を明らかにし、かつこれを子孫におしえ、民族独立を天賦の権利として永遠に保持させるものである。

われわれの背後にある五千年の歴史の権威によってこれを宣言し、二千万民衆の忠誠を合してこれを宣明し、恒久にかわることなき民族の自由な発展のためにこれを主張し、人類良心の発露にもとづく世界改造の一大気運に順応し、これとともにすすまんがためにこれをなすものである。これすなわち天の明命、時代の大勢、全人類の共同共存同生の権利が、正当に発動したものであって、天下のなにものといえども、これを阻止し、抑圧することはできない。

旧時代の遺物たる侵略主義・強権主義の犠牲となって、有史以来幾千年、はじめて異民族による抑圧の苦痛をなめて以来、ここに10年の歳月がすぎた。わが生存権の剥脱、思想の自由な発展にたいする障碍、民族の尊栄を毀損したること、新鋭と独創とをもって世界文化の大潮流に寄与すべき機縁を失ったことなど、およそ幾許か知れない。

ああ旧来の抑圧より脱し、現下の苦痛よりのがれ、将来の脅威をのぞき、民族の良心と国家的廉義の圧縮銷残せるを回復伸張し、各人人格の正当なる発達をとげしめ、可憐なる子弟にたいして、屈辱の遺産をのこすことを欲せず、子子孫孫、永久完全なる慶福をむかえとらんとするならば、その最大急務は、民族の独立を確実ならしむることである。二千万の各個各人が方寸の刃を懐にし、人間性と時代の良心とが、正義の軍と人道の干戈とをもって援護する今日、吾人がすすんでとるになんの障碍もない、しりぞいて事をなすに、吾人の志はかならず達成できる。

丙子修好条規以来、時に応じ、種種なる金石盟約を踏みにじりたることをもって、日本の不信を罪せんとするものではない。日本の学者は講壇において、日本の政治家は実際において、わが祖宗の世業を植民地視し、わが文化民族を蛮民視し、もっぱら征服者の快をむさぼるのみであった。わが久遠の社会と、卓越せる民族心理とを無視するものとして、日本の不義を責めんとするものではない。自己を策励するに急なる吾人は、他を怨むいとまはない。現在の問題に多忙なる吾人は、過去をとがめる暇はない。

今日われわれの専念するところは、ただ自己の建設のみである。けっして他を破壊することではない。厳粛なる良心の命令によって、自家の新運命を開拓せんとするものである。旧怨および一時の感情によって、他を嫉逐し排斥するものではない。旧思想・旧勢力による日本政府の功名的犠牲である不自然にして、また不合理なる、あやまれる状態を改善匡正し、自然にして合理的なる正経の大原に復帰せんとするものである。

当初から、民族的要求に由来しなかった両国併合の結果が、畢竟、姑息なる威圧、差別的不平等、および統計数学の虚飾のもとに、利害相反する両民族間に、永遠に和合することのできない怨みの溝を、ますます深からしむる今日までの実績を見よ。勇気・明断・果敢、もって旧来のあやまりを正し、真正なる理解と同情とにもとづく、友好の新局面を打開することが、彼我のあいだに禍を遠ざけ、祝福をもたらす捷径であることを明察すべきである。

また、含憤蓄怨の二千万人民を、威力をもって拘束することは、東洋永遠の平和を保証する所以ではない。のみならず、これによって東洋安危の主軸たる四億万中国人民の、日本にたいする危懼と猜疑とを、ますます濃厚ならしめ、その結果として東洋全局の共倒と同亡の非運をまねくことは明白である。今日吾人の朝鮮独立は、朝鮮人をして正当なる生活の繁栄の追求をなさしむると同時に、日本をして、その邪道から脱出せしめ、東洋の支持者たる重責を全うせしめ、中国が夢寐にもわすれえない不安・恐怖からこれを脱出せしめ、東洋平和の、またその重要なる一部をなす世界の平和、人類の幸福に必要なる段階たらしめんとするものである。区区たる感情の問題ではない。

ああ新しい天地は眼前に展開せられた。威力の時代は去って道義の時代はきた。過去全世紀にわたり錬磨長養されきたった人道の精神は、まさに新しい文明の曙光を人類の歴史に投じはじめた。新しい春は世界にめぐりきたり、万物の蘇生を催進しつつある。凍氷寒雪に呼吸をとざされたのが、かの一時の勢いなりとすれば、和風暖陽に気脈をふるう、これも一時の勢いである。天地の復運に際会し、世界の変潮に乗じた吾人は、何らの躊躇なく、何らの忌憚もない。わが固有の自由権を護全し、生旺の楽を享受すべく、わが自足の独創力を発揮して、春満てる大界に、民族の精華を結集すべきである。

われらはここに奮起した。良心はわれらとともにあり、真理はわれらとともにすすむ。男女老若、陰鬱なる古巣よりおどりいで、万民群衆とともに、欣快なる復活をとげんとするものである。千百の世祖は、かげながらわれらをたすけ、全世界の気運はわれわれをまもっている。着手はすなわち成功である。ただ前方の光明にむかって驀進するのみ。

公約三章

一、今日われわれのおこなうこの事業は、正義・人道・生命尊厳のための民族的要求、すなわち自由の精神を発揮するものであって、けっして排他的感情に逸走してはならない。

二、最後の一人まで、最後の一刻まで、民族の正当なる意志を欣然として発表せよ。

三、いっさいの行動は、もっとも秩序を尊重し、吾人の主張と態度とを、あくまで光明正大にせよ。

朝鮮建国四二五二年三月一日　朝鮮民族代表（33名 連名）

〔山辺健太郎『日本統治下の朝鮮』〔岩波書店、1971年〕より〕

9　日本国と大韓民国との間の基本関係に関する条約〔日韓基本条約〕抜粋（1965年6月22日、東京で調印）

日本国及び大韓民国は、

両国民間の関係の歴史的背景と、善隣関係及び主権の相互尊重の原則に基づく両国間の関係の正常化に対する相互の希望とを考慮し、

両国の相互の福祉及び共通の利益の増進のため並びに国際の平和及び安全の維持のために、両国が国際連合憲章の原則に適合して緊密に協力することが重要であることを認め、

千九百五十一年九月八日にサン・フランシスコ市で署名された日本国との平和条約の関係規定及び千九百四十八年十二月十二日に国際連合総会で採択された決議第百九十五号（Ⅲ）を想起し、

この基本関係に関する条約を締結することに決定し、よつて、その全権委員として次のとおり任命した。

（略）

第一条　両締約国間に外交及び領事関係が開設される。両締約国は、大使の資格を有する外交使節を遅滞なく交換するものとする。また、両締約国は、両国政府により合意される場所に領事館を設置する。

第二条　千九百十年八月二十二日以前に大日本帝国と大韓帝国との間で締結されたすべての条約及び協定は、もはや無効であることが確認される。

第三条　大韓民国政府は、国際連合総会決議第百九十五号（Ⅲ）に明らかに示されているとおりの朝鮮にある唯一の合法的な政府であることが確認される。

第四条（a）両締約国は、相互の関係において、国際連合憲章の原則を指針とするものとする。

（b）両締約国は、その相互の福祉及び共通の利益を増進するに当たつて、国際連合憲章の原則に適合して協力するものとする。

第五条　両締約国は、その貿易、海運その他の通商の関係を安定した、かつ、友好的な基礎の上に置く

ために、条約又は協定を締結するための交渉を実行可能な限りすみやかに開始するものとする。

第六条　両締約国は、民間航空運送に関する協定を締結するための交渉を実行可能な限りすみやかに開始するものとする。

第七条　この条約は、批准されなければならない。批准書は、できる限りすみやかにソウルで交換されるものとする。この条約は、批准書の交換の日に効力を生ずる。

以上の証拠として、それぞれの全権委員は、この条約に署名調印した。

千九百六十五年六月二十二日に東京で、ひとしく正文である日本語、韓国語及び英語により
……作成……


(www.ioc.u-tokyo.ac.jp/~worldjpn/documents/texts/docs/19650622.T1J.html)

10 村山総理大臣談話

戦後50周年の終戦記念日に当たって

1995年8月15日

先の大戦が終わりを告げてから、50年の歳月が流れました。今、あらためて、あの戦争によって犠牲となられた内外の多くの人々に思いを馳せるとき、万感胸に迫るものがあります。

敗戦後、日本は、あの焼け野原から、幾多の困難を乗りこえて、今日の平和と繁栄を築いてまいりました。このことは私たちの誇りであり、そのために注がれた国民の皆様1人1人の英知とたゆみない努力に、私は心から敬意の念を表わすものであります。ここに至るまで、米国をはじめ、世界の国々から寄せられた支援と協力に対し、あらためて深甚な謝意を表明いたします。また、アジア太平洋近隣諸国、米国、さらには欧州諸国との間に今日のような友好関係を築き上げるに至ったことを、心から喜びたい

と思います。

平和で豊かな日本となった今日、私たちはややもすればこの平和の尊さ、有難さを忘れがちになります。私たちは過去のあやまちを2度と繰り返すことのないよう、戦争の悲惨さを若い世代に語り伝えていかなければなりません。とくに近隣諸国の人々と手を携えて、アジア太平洋地域ひいては世界の平和を確かなものとしていくためには、なによりも、これらの諸国との間に深い理解と信頼にもとづいた関係を培っていくことが不可欠と考えます。政府は、この考えにもとづき、特に近現代における日本と近隣アジア諸国との関係にかかわる歴史研究を支援し、各国との交流の飛躍的な拡大をはかるために、この2つを柱とした平和友好交流事業を展開しております。また、現在取り組んでいる戦後処理問題についても、わが国とこれらの国々との信頼関係を一層強化するため、私は、ひき続き誠実に対応してまいります。

いま、戦後50周年の節目に当たり、われわれが銘記すべきことは、来《き》し方《かた》を訪ねて歴史の教訓に学び、未来を望んで、人類社会の平和と繁栄への道を誤らないことであります。

わが国は、遠くない過去の一時期、国策を誤り、戦争への道を歩んで国民を存亡の危機に陥れ、植民地支配と侵略によって、多くの国々、とりわけアジア諸国の人々に対して多大の損害と苦痛を与えました。私は、未来に誤ち無からしめんとするが故に、疑うべくもないこの歴史の事実を謙虚に受け止め、ここにあらためて痛切な反省の意を表し、心からのお詫びの気持ちを表明いたします。また、この歴史がもたらした内外すべての犠牲者に深い哀悼の念を捧げます。

敗戦の日から50周年を迎えた今日、わが国は、深い反省に立ち、独善的なナショナリズムを排し、責任ある国際社会の一員として国際協調を促進し、それを通じて、平和の理念と民主主義とを押し広めていかなければなりません。同時に、わが国は、唯一の被爆国としての体験を踏まえて、核兵器の究極の廃絶を目指し、核不拡散体制の強化など、国際的な軍縮を積極的に推進していくことが肝要であります。これこそ、過去に対するつぐないとなり、犠牲となられた方々の御霊《みたま》を鎮《しず》めるゆえんとなると、私は信じております。

「杖《よ》るは信《しん》に如《し》くは莫《な》し」と申します。この記念すべき時に当たり、信義を施政の根幹とすることを内外に表明し、私の誓いの言葉といたします。

11　菅総理大臣談話

内閣総理大臣談話

２０１０年８月10日

本年は、日韓関係にとって大きな節目の年です。ちょうど１００年前の８月、韓国併合条約が締結され、以後36年に及ぶ植民地支配が始まりました。３・１独立運動などの激しい抵抗にも示されたとおり、政治的・軍事的背景の下、当時の韓国の人々は、その意に反して行われた植民地支配によって、国と文化を奪われ、民族の誇りを深く傷付けられました。

私は、歴史に対して誠実に向き合いたいと思います。歴史の事実を直視する勇気とそれを受け止める謙虚さを持ち、自らの過ちを省みることに率直でありたいと思います。痛みを与えた側は忘れやすく、与えられた側はそれを容易に忘れることは出来ないものです。この植民地支配がもたらした多大の損害と苦痛に対し、ここに改めて痛切な反省と心からのお詫びの気持ちを表明いたします。

このような認識の下、これからの１００年を見据え、未来志向の日韓関係を構築していきます。また、これまで行ってきたいわゆる在サハリン韓国人支援、朝鮮半島出身者の遺骨返還支援といった人道的な協力を今後とも誠実に実施していきます。さらに、日本が統治していた期間に朝鮮総督府を経由してもたらされ、日本政府が保管している朝鮮王朝儀軌等の朝鮮半島由来の貴重な図書について、韓国の人々の期待に応えて近くこれらをお渡ししたいと思います。

日本と韓国は、２０００年来の活発な文化の交流や人の往来を通じ、世界に誇る素晴らしい文化と伝統を深く共有しています。さらに、今日の両国の交流は極めて重層的かつ広範多岐にわたり、両国の国民が互いに抱く親近感と友情はかつてないほど強くなっております。また、両国の経済関係や人的交流の規模は国交正常化以来飛躍的に拡大し、互いに切磋琢磨しながら、その結び付きは極めて強固なものとなっています。

日韓両国は、今この21世紀において、民主主義や自由、市場経済といった価値を共有する最も重要で緊密な隣国同士となっています。それは、2国間関係にとどまらず、将来の東アジア共同体の構築をも念頭に置いたこの地域の平和と安定、世界経済の成長と発展、そして、核軍縮や気候変動、貧困や平和構築といった地球規模の課題まで、幅広く地域と世界の平和と繁栄のために協力してリーダーシップを発揮するパートナーの関係です。

私は、この大きな歴史の節目に、日韓両国の絆がより深く、より固いものとなることを強く希求するとともに、両国間の未来をひらくために不断の努力を惜しまない決意を表明いたします。

【参考文献】

第Ⅰ部「韓国併合100年を問う」の脚注および写真、地図、「韓国併合」略年表、資料については、主として左記の文献を参考に作成・掲載しました。

海野福寿『韓国併合』岩波書店、1995年
海野福寿『日清・日露戦争』日本の歴史・18、集英社、1992年
NPO法人ハヌルハウス『季刊　はぬるはうす』№29、2010年
NPO法人ハヌルハウス　前田憲二監督作品「月下の侵略者―文禄・慶長の役と『耳塚』」パンフレット、2009年
糟谷憲一『朝鮮の近代』山川出版社、1996年
片野次雄『李朝滅亡―自主の邦への幻影と蹉跌』彩流社、2010年
片野次雄『日韓併合―李朝滅亡・抵抗の記憶と光復』彩流社、2010年

亀井高孝・三上次男・木下健太郎編『標準　世界史年表』吉川弘文館、２０１０年
姜在彦『歴史物語　朝鮮半島』朝日新聞出版、２００６年
姜在彦『近代における日本と朝鮮―朝鮮問題入門』すくらむ文庫、１９７８年
金両基監修・姜徳相ほか編『図説　韓国の歴史』河出書房新社、１９８８年
久保井規夫『図説　朝鮮と日本の歴史―光と影〈近代編〉』明石書店、１９９４年
五味文彦・鳥海靖編『もういちど読む　山川日本史』山川出版社、２００９年
「埼玉と朝鮮」編集委員会編『くらしの中から考える―埼玉と朝鮮』１９９２年
笹山晴生・五味文彦・吉田伸之・鳥海靖編『詳説　日本史資料集』山川出版社、２００３年
『詳説　日本史図録』山川出版社、２００８年
辛基秀『映像が語る「日韓併合」史　１８７５～１９４５年』労働経済社、１９８４年
（注）本文写真中、キャプション末尾に＊印を付したものは、すべて本書による。
全国歴史教育研究協議会編『日本史Ⓑ用語集』山川出版社、２００９年
高崎宗司『検証　日韓会談』岩波書店、１９９６年
辻子実『侵略神社―靖国思想を考えるために』新幹社、２００３年
データベース『世界と日本』東京大学東洋文化研究所　田中明彦研究室
成瀬治・佐藤次高・木村靖二・岸本美緒監修『山川　世界史図録』山川出版社、１９９４年
『ニューステージ　世界史詳覧』浜島書店、２００６年
原田敬一『日清・日露戦争』シリーズ日本近代史③、岩波書店、２００７年
前田速夫・前田憲二・川上隆志『渡来の原郷―白山・巫女・秦氏の謎を追って』現代書館、２０１０年
F・A・マッケンジー著・韓皙曦訳『義兵闘争から三一運動へ―朝鮮の自由のための闘い』太平出版社、１９７２年
山辺健太郎『日韓併合小史』岩波書店、１９６６年
山辺健太郎『日本の韓国併合』太平出版社、１９６６年
山辺健太郎『日本統治下の朝鮮』岩波書店、１９７１年
山室信一『日露戦争の世紀―連鎖視点から見る日本と世界』岩波書店、２００５年
和田春樹『日露戦争―起源と開戦』上下、岩波書店、２００９～２０１０年
和田春樹ほか「『韓国併合』１００年を問う」『思想』１、岩波書店、２０１０年

（『季刊　はぬるはうす』編集委員：田中等）

あとがき

前田　憲二

１９９９年12月25日クリスマス。

この日『百萬人の身世打鈴―朝鮮人強制連行・強制労働の「恨《ハン》」』が大阪の東方出版で本になった。

「百萬人の身世打鈴」編集委員編で、代表前田憲二、萱沼紀子、手塚陽、平林久枝、山田昭次。

７年におよぶ聴き取り調査。そしてその間には、３時間45分の同タイトルの映画を完成させた。

日本人の多くは、自国の近代史に無知だと云々されている。わたし自身もそのひとりであったかもしれない。

「百萬人の身世打鈴」が完成すると同時に虚脱感に襲われ幽邃の地に遁れたくなった。そんな折り、ＮＰＯ法人ハヌルハウスを立ち上げることで精神の持続を図り、大勢の仲間たちと連帯の輪を拡げた。

以来10年が経過する。その間、日韓交流を核に東アジア全体を俯瞰して、数多くの文化活動を展開した。

２００９年８月18日、金大中元韓国大統領が逝去された。韓国と日本の文化交流を推進されたた偉大な人物である。わたしも6、7度御拝眉している。

その氏の貢献に報いるためにも、日本国内で金大中氏を追悼する集いが開催できないものだろうかと考えた。……早速旧知の和田春樹氏に電話を入れると、氏もいまそのことを真剣に考え、仲間を募っている、とのことだった。

9月2日、「金大中大統領を偲ぶ会」を立ち上げるための会を岩波書店会議室で開いた。出席したのは、伊藤成彦、岡本厚、姜尚中、古田武、和田春樹、前田憲二の6名だった。

以来、8~9回の会合をもち、ついに260名前後の呼びかけ人や賛同者が集い、2009年11月13日（金）浜離宮朝日ホールで、「故韓国大統領　金大中氏を追悼する集い」が開催された。

韓国からは大統領夫人・李姫鎬氏、弁護士の韓勝憲氏ら20数名が駆けつけ、日本側は、河野洋平、仙谷由人、福島瑞穂、村山富市、針生一郎氏らが出席。

そんな時代の流れのなかで、大きな課題として横たわっている「韓国併合100年を問う！」。日本帝国の暴力と植民地支配とはいったいなんだったのだろうか。2010年8月は「併合100年」に当る。このことをより深く考えていくことで、日本人の歴史認識を問い、太平洋戦争とはどんな戦争だったのか、そんな疑問に悶着している、わたし自身にも答えをさぐってゆかねばと考えた。

「韓国併合とは……」をテーマに、私達が発行している季刊『はぬるはうす』29号に、鼎談を掲載することにした。出席は東京大学名誉教授の和田春樹さん、そして「百萬人の身世打鈴」制作委員会で大いにご活躍いただき、在日の立場から偏見のない意見や主張をされた高秀美さん、それにわたしの3人で、2010年4月13日(火)、NPO法人ハヌルハウス事務所で鼎談を行った。

写真撮影は、映画カメラマンの北村徳男氏にお願いし、集録とタイプ打ちは季刊『はぬるはうす』編集委員の竹澤節子氏にお世話になった。その上で、鼎談が結実したかどうか、少々心が動いた。夫々が語り得ない舌足らずな部分があるやもしれない。それを補い、抽象的で難解にならない「韓国併合とは……」を主題に、年譜や往時の写真を挿入することで、後世に遺るべき書物にしたいと欲張って考えた。

脚注、年譜、写真構成、デザインはやはり季刊『はぬるはうす』編集委員である田中等氏が吾が意を得たとばかり奮闘した。

くどいようだか、2010年は、「韓国併合を問う!」節目の歳である。それをテーマに多くの書物が出版されるであろう。「自虐史観」と罵倒されることもあるやもしれない。わたしは昨年、長編記録映画『月下の侵略者——文禄・慶長の役と「耳塚」』を完成させた。その折り、パソコンのブログには国賊、とっとと死ね、等々冷ややかな文字がずらりと並んだ。鬱陶しい思いのなかで、正面から歴史のあり方を見ることが、そんなに理不尽なことなのか。映画を徹して旅を重ね、漂泊をつづけるわたしには、その土地、その土地に沈澱した陽炎や精鬼が実感できる。そんな想いが強い。『韓国併合100年の現在《いま》』この書物は『百萬人の身世打鈴』と同様、やはり東方出版にお願いした。代表の今東成人氏、それに編集の北川幸さんと仕事が共にできる喜びをいま実感している。

2010年8月22日

(NPO法人ハヌルハウス代表理事・映画監督)

【著者プロフィール】

前田憲二（まえだ・けんじ）
1935年大阪生まれ。映画監督。長編記録映画の代表作に『おきなわ戦の図　命どぅ宝』(1984年)、『土佐の泥絵師　絵金』(1986年)、『神々の履歴書』(1988年)、『土俗の乱声』(1991年)、『恨・芸能曼陀羅』(1995年)、『百萬人の身世打鈴』(2000年)、『月下の侵略者―文禄・慶長の役と「耳塚」』(2009年）がある。主著に『日本のまつり―どろんこ取材記』(造形社、1975年)、『渡来の祭り渡来の芸能』(岩波書店、2003年)。共著に『日本文化の源流を探る』(解放出版社、1997年)、『渡来の源郷―白山・巫女・秦氏の謎を追って』(現代書館、2010年)など。ＮＰＯ法人ハヌルハウス代表理事を務める。2001年10月、韓国政府より玉冠文化勲章を授与された。

和田春樹（わだ・はるき）
1938年大阪に生まれる。東京大学文学部卒業。1998年3月まで東京大学社会科学研究所所長。現在、東京大学名誉教授。東北大学東北アジア研究センター・フェロー。専攻＝ロシア・ソ連史、現代朝鮮研究。主著に『ニコライ・ラッセル―国境を越えるナロードニキ』(上・下)(中央公論社、1973年)、『金日成と満州抗日戦争』(平凡社、1992年)、『朝鮮戦争全史』(岩波書店、2002年)、『テロルと改革―アレクサンドル二世暗殺前後』(山川出版社、2005年)、『ある戦後精神の形成1938―1965』(岩波書店、2006年)、『日露戦争―起源と開戦』(上・下)(岩波書店、2009～2010年）などがある。

高秀美（コ・スミ）
1954年東京生まれ。在日朝鮮人3世。編集者。これまで『一〇〇人の在日コリアン』(良知会編、三五館、1997年)、『在日一世の記憶』(小熊英二・姜尚中編、集英社新書、2008年)、『愛するとき奇跡は創られる―在日三代史』(語り：宋富子、聞き書き：高秀美、三一書房、2007年）など、主に在日朝鮮人の証言集の編集、インタビューに関わる。他に同人誌『海峡』(朝鮮問題研究会、社会評論社）に随筆「踊りの場」を連載。

韓国併合100年の現在《いま》

2010年11月25日　初版第1刷発行

著　者――前田憲二・和田春樹・高秀美
発行者――今東成人
発行所――東方出版㈱
〒543-0062 大阪市天王寺区逢阪2-3-2
TEL 06-6779-9571　FAX 06-6779-9573

装幀・組版――田中等
印刷所――亜細亜印刷㈱

＊落丁本・乱丁本はお取替えいたします。

ISBN978-4-86249-169-5